T0282288

la
LLAVE
de la
ATENCIÓN

Diseño de portada: Editorial Sirio, S.A.
Maquetación: Toñi F. Castellón

©   de la edición original
     2022, Enrique Moya

©   fotografía del autor: Antonio Delgado

©   ilustración página 135: Marcos Reina

©   de la presente edición
     EDITORIAL SIRIO, S.A.
     C/ Rosa de los Vientos, 64
     Pol. Ind. El Viso
     29006-Málaga
     España

www.editorialsirio.com
sirio@editorialsirio.com

I.S.B.N.: 978-84-19105-61-5
Depósito Legal: MA-1784-2022

Impreso en Imagraf Impresores, S. A.
c/ Nabucco, 14 D - Pol. Alameda
29006 - Málaga

Impreso en España

Puedes seguirnos en Facebook, Twitter, YouTube e Instagram.

El papel utilizado para la impresión de este libro está **libre de cloro** elemental (ECF) y su procedencia está certificada por una entidad independiente, no gubernamental, que promueve la sostenibilidad de los bosques.

ENRIQUE MOYA

la
LLAVE
de la
ATENCIÓN

Abre la profundidad
de ti mismo

EDITORIAL
SIRIO

Índice

Prólogo

Este texto que vas a leer es más que un simple libro. Más bien diría que es un valioso regalo lo que ahora sostienes en tus manos. También podría decir que es la culminación de una obra especialmente esperada por quienes hemos tenido la oportunidad de conocer a su autor, Enrique Moya, y recibir en diversas ocasiones sus preciosas enseñanzas.

Quienes sabíamos que dicha obra se estaba gestando, destilándose como un puro néctar, gota a gota, deseábamos con cierta impaciencia que apareciese pronto y que Enrique plasmase por escrito esa sabiduría que tantas veces ha compartido con todos sus alumnos, al estilo de la transmisión que realiza un maestro para con sus discípulos.

Enrique es capaz de mostrar los profundos conocimientos de algo tan sutil como el yoga y, más específicamente, lo concerniente a la práctica de la atención, de forma sencilla, amena y, sobre todo, comprensible para la mente occidental.

Este libro podía haberse titulado de muchas maneras, pero creo que el título elegido, *La llave de la atención*, es el más apropiado para describir con precisión aquello que se quiere contar. Porque la atención no es una mera actividad psicológica sin más. Tal y como podrás descubrir a lo largo del texto, el cultivo de la atención constituye una herramienta imprescindible para todas aquellas personas que quieran vivir una vida más plena a través de la armonización de su consciencia.

Los conocimientos que el autor plasma en esta obra vienen avalados por décadas de experiencia personal y docente en el ámbito del yoga. Por eso, considero fundamental comentar unas líneas acerca de esta disciplina para centrar mejor el contenido del libro.

Hablar de yoga hoy día puede ser algo común y frecuente. Son muchos los practicantes que se pueden encontrar en la mayoría de las ciudades occidentales. No solo en escuelas específicas, sino también en otro tipo de centros, tales como gimnasios, locales de los ayuntamientos, asociaciones culturales, grupos vecinales, etc. Esta enorme expansión, indudablemente, ha aportado numerosos beneficios a muchas personas, pero también ha traído consigo un cierto peligro consistente en la banalización, el desenfoque o el olvido de lo que son las profundas raíces que sustentan la disciplina yóguica.

Sin embargo, querido lector, estás de suerte, porque en esta obra se desvelan muchos de sus secretos, sobre todo lo que se refiere al uso de la atención como elemento fundamental de la práctica, y también como un ingrediente imprescindible para lograr una vida más consciente.

El yoga no es una mera gimnasia para la salud, sino que abarca mucho más que eso. Es una disciplina milenaria nacida en la India con un origen ancestral que se pierde en la noche de los tiempos. Se suele tomar como referencia la figura del sabio Patanjali (siglo III a. C.) como primer codificador de esta disciplina a través de su obra *Los Yoga Sutras* (Ed. Sirio, 2022).

Etimológicamente, yoga proviene de *yuj,* raíz de donde también deriva nuestra palabra yugo, que significa 'unir'. La finalidad del yoga es unir aquello que se encuentra separado, escindido. Para ello propone una serie de ejercicios físicos, también respiraciones especiales, así como diferentes prácticas atencionales y concentrativas, junto a toda una serie de meditaciones, y todo ello basado en unos sólidos principios éticos. A través de dicha práctica se consigue armonizar y unir aquello que se encuentra separado, es decir, nosotros mismos.

La mayoría nos experimentamos como seres fragmentados en los que el cuerpo, la mente y el espíritu caminan por senderos distintos y en ocasiones incluso divergentes. A través de la práctica yóguica se pretende la unificación del Ser, logrando así un todo que se genera mediante la expansión de la propia consciencia.

En este camino yóguico, que no es otro que el camino propio de todo ser humano que pretenda transitar hacia la plenitud, el cultivo de la atención es uno de los elementos que no puede faltar.

Pero, además, la palabra «llave», como figura en el título del libro, no podía estar más acertada. Porque una llave es algo que abre o cierra. Y hablamos de una llave metafórica que abre o cierra la profundidad del espíritu, la profundidad del Ser. El modo en el que realizar este proceso, así como las diferentes implicaciones que todo esto conlleva, podrás encontrarlo y, sobre todo, saborearlo (saborear está etimológicamente relacionado con sabiduría), a lo largo de este libro.

Pero una llave es también una clave. Y una clave es el método que nos ayuda a descifrar un misterio, ¿y qué misterio podemos encontrar con mayor profundidad y complejidad que el propio ser humano?

Siguiendo capítulo a capítulo encontrarás importantes claves que te ayudarán a desvelar tu propio enigma, desde el origen y el sentido del sufrimiento, hasta el modo en el que el pasado influye en nosotros o la forma en la que la meditación transforma a quienes la practican.

A la importancia que poseen los contenidos que encontrarás en las siguientes páginas, se añaden también otros valores que realzan, aún más si cabe, la importancia de esta obra. Porque no es un libro escrito de forma fría, técnica o distante por un erudito con muchos conocimientos, sino que es la esencia destilada a través de décadas de trabajo honesto y comprometido surgido de la conexión entre el corazón, la mente y el espíritu de Enrique Moya, todo un Maestro.

Desde mi modesta opinión, entiendo que *La llave de la atención*, este valioso regalo, no es para ser leído del modo en el que leemos una novela, un relato o un ensayo cualquiera. Es un libro para ser saboreado y degustado. Para leer y releer. Para detenerse en un párrafo, en un renglón o, incluso, en una palabra y dejarse interpelar por lo que el autor ha querido transmitir.

No quiero robar al lector más tiempo, ni ocupar más espacio que el debido a un pequeño prólogo, pero no puedo dejar de mencionar mi agradecimiento a Enrique, por su invitación a escribirlo, como tampoco puedo dejar de expresar mi enorme alegría por el hecho de que esta obra, madurada a lo largo de muchos años, vea por fin la luz.

Estoy convencido que su lectura será de gran beneficio para muchas personas.

ARMANDO NOUGUÉS FERNÁNDEZ

Médico Integrativo

Málaga, 28 de junio de 2022

Prefacio

Como amante de los libros, siempre me alegro cuando aparece una buena obra, y en esta ocasión la alegría es inmensa al tratarse de una creación de mi amigo y hermano Enrique Moya.

Mi relación con el autor comenzó cuando éramos chavales. Su inicio no fue el mejor. Hay relaciones que comienzan bien y terminan mal, en nuestro caso fue a la inversa. No comenzó bien pero enseguida mejoró, creció y se consolidó como una profunda amistad que ha perdurado a lo largo de más de cinco décadas.

Cuando teníamos diez años pertenecíamos a pandillas del mismo barrio, pero de calles diferentes. En aquella época, de cuando en cuando, se producían escaramuzas entre niños vecinos de calles próximas. En una de esas escaramuzas, Enrique, que tenía muy buena puntería, me descalabró con una pedrada certera. El impacto de la piedra en mi cabeza me ocasionó una brecha cuya señal se borró al poco tiempo. Quizás Enrique solo quería despertar mi «tercer ojo»... pues en el momento de recibir la pedrada experimenté una explosión de luz blanca que me envolvió por completo. Luego apareció el lógico dolor y las lágrimas de desahogo.

Fue en la época de nuestra adolescencia cuando se forjó la relación de amistad que ha seguido consolidándose hasta el día de hoy. A esa temprana edad ya teníamos muchos gustos e intereses afines y nos entusiasmaba todo lo relacionado con los misterios de la vida, el autoconocimiento y la filosofía perenne. Nos introdujimos juntos en el universo del yoga y años después nos convertimos en profesores. Cuando teníamos veintiún años abrimos nuestra primera escuela de yoga en Madrid, y unos años más tarde otra en Málaga, que en la actualidad sigue dirigiendo Enrique de la mano de sus hijas Diana y Cristina, y con el constante apoyo de su compañera Pilar.

Nuestra trayectoria de vida personal y como docentes ha transcurrido siempre en permanente y fluida interrelación. En muchas ocasiones hemos vivido, viajado, estudiado y trabajado juntos. Hemos compartido nuestras vidas y todo tipo de experiencias que han hecho que nuestra evolución haya sido muy pareja, lógicamente cada uno siguiendo su propio camino y dinámica de vida. Tenemos mucho el uno del otro, hasta el punto de que en ocasiones nos confunden o nos dicen lo mucho que nos parecemos. Más de una vez a mí me han llamado Enrique y a él Danilo. Hasta en el aspecto físico parecemos familiares. Me siento muy afortunado y agradecido de que nuestros caminos y vidas hayan confluido y nos hayamos complementado y enriquecido mutuamente.

En el aspecto profesional Enrique es un profesor de yoga excelente y un pionero de la difusión de esta disciplina en nuestro país. En este breve prefacio, tengo que resaltar que es una gran aportación, un libro que rezuma yoga por los cuatro costados. Está escrito desde el corazón, la consciencia, el espíritu de servicio y con un enorme derroche de humanidad. Con un lenguaje original, directo y para todos los públicos, Enrique nos ofrece una amplia simbiosis entre las enseñanzas de la sabiduría perenne y el desarrollo del conocimiento de diferentes campos de la ciencia.

Estamos ante un libro que aúna las enseñanzas de la espiritualidad genuina con el propio proceso de autoconocimiento desarrollado por Enrique a lo largo de toda su vida. En sus páginas se encuentra la «llave maestra» que permite acceder a la dimensión profunda de la existencia. Nos aporta la compresión y los medios que necesitamos para mejorar nuestra calidad de vida, despertar todo el potencial personal, contribuir al bienestar social y cuidar a nuestro hermoso planeta Tierra.

Estamos seguros de la gran acogida que tendrá este generoso trabajo y de la inmensa ayuda y servicio que aportará a todos sus lectores.

Muchísimas gracias, Quique.

DANILO HERNÁNDEZ
BINDU, escuela de yoga de Chamartín, Madrid.

Introducción

Respetado lector y lectora.

Desde bien pequeño, a la vez que disfrutaba de vivir, me sentía observando la vida, interrogándome sobre ella. Me maravillaba percibir las señales del cambio estacional, cada estación con su propia atmósfera. Me era fácil advertirlas por vivir rodeado de grandes espacios naturales, en un barrio de lo que entonces era el extrarradio de Madrid. Estaba frecuentemente en la calle, mi padre tenía una pequeña taberna, mi casa estaba justo encima, y después del colegio me encantaba bajar y observar a la gente que entraba y salía de la tienda. Esta era un perfecto observatorio desde donde mirar el sentimiento agridulce de la condición humana. Me sentía fuertemente atraído por el misterio de la vida y el de los seres humanos. Tengo infinidad de recuerdos impregnados y coloreados con ese sentimiento y visión que han sido tan determinantes en mi vida y han estado tan presentes.

Siempre me ha gustado escribir. Me recuerdo ya adolescente cuando salía de mi barrio e iba a pasear por los bulevares de Madrid, uno de mis lugares predilectos. Qué bellos eran, un entrelazamiento de ciudad y naturaleza en conjunción casi perfecta. Llevaba mis libros de poesía, de filosofía, o alguna novela, y un delgado cuaderno. Me encantaba sentarme en las terrazas de los kioscos o en los bancos que «amueblaban» tan entrañables paseos. Tranquilamente leyendo, recreándome e inspirándome, para luego tomar el lápiz y la goma y escribir en mi cuaderno (eso lo he mantenido hasta hoy). Me gustaba mirar los árboles que dibujaban una pequeña alameda creando un cierto espacio de retiro en plena ciudad. Observar a los gorriones mientras buscaban comida, saltaban, planeaban de las ramas al suelo, revoloteando entre las personas confiadamente. ¡Qué sencilla belleza! Se oía el ruido de los tranvías que anunciaban su paso, la gente caminaba evidentemente sin tantas prisas como ahora. Las tiendas de la zona con sus sencillos escaparates, muchos de ellos con mercancías muy especializadas, incluso artesanales y, de fondo, el natural trasiego comercial de una gran urbe. Ver y sentir el ritmo de la ciudad (por entonces ni masificada ni desmesurada) con esa amigable cadencia era realmente maravilloso. Tener mi libro y mi cuaderno, estar ahí y así; me producía un sentimiento de euforia calmada, muy cercano a la plenitud.

Tuve la suerte de tener en el segundo tramo de Bachillerato a profesores que me activaron el amor por el estudio y el conocimiento. Aunque por desgracia, me encontré a una gran mayoría sin ningún entendimiento de lo importantísima, lo fundamental, que es la docencia. En Ciencias tuve la suerte de estudiar con una magnífica persona, don Enrique Revuelta, que con su paciencia infinita para enseñar, conseguía que nos intrigase el lenguaje matemático. Fue un regalo tener un profesor de Literatura, don Manuel Tapia, que nos nombraba en aquella época (era la dictadura militar del general Franco) a los innombrables, y nos impulsaba a que leyésemos todo con suma atención y espíritu crítico. También pude conocer a un verdadero filósofo (amaba la sabiduría) que era mi profesor de Filosofía, don José Antonio, no recuerdo ahora su apellido, excelente profesor, que hablándonos de la visión filosófica de los grandes pensadores se embelesaba tanto que entraba en trance, del que —menos mal— salía en pocos segundos.

Yo siempre sacaba un tiempo para escribir; poemas, reflexiones, también canciones. Junto con mi vecino y amigo Deo de la Cruz, que tocaba magníficamente la guitarra, componíamos nuestras propias canciones y las cantábamos en cualquier rincón del barrio, a veces incluso en fiestas de colegios. De alguna manera, la escritura ha sido siempre como un vehículo de comunicación de mis sentimientos y preguntas más íntimas. Preguntas dirigidas a veces a otro (la chica que me atraía), a la amistad, pero también, ya entonces, a la sociedad; muchas veces me sorprendía clamando al propio misterio de la vida. Enseguida me di cuenta de que escribir me servía para comunicarme, también para vaciar, o al menos aliviar, los desencuentros y trances dolorosos por donde la vida ha querido que transite. Surgidos normalmente a causa de mi propia inconsciencia, aunque a veces también a causa de la de los demás. De un modo u otro, había que pasar por ellos. Muchos de estos desencuentros —causados o padecidos—, si se admiten como material de vida, casi siempre te hacen más consciente y resiliente.

Por diversos motivos, mis escritos han tenido una gran discontinuidad en el tiempo y en los temas. Ya con veinte años el yoga entró en mi vida, primero como practicante y luego como enseñante, dando buena repuesta a mis inquietudes espirituales bien activas desde temprana edad. Haciéndome además conectar con un tipo de vida más saludable y armónica que curiosamente siempre me había interesado. Ya como profesor escribía apuntes y reflexiones que me servían para esclarecer mejor mis lecturas y comprensiones, así como para preparar mejor mis clases.

Mis alumnos desde hace muchos años me venían demandando que escribiese más ordenadamente aquello que compartíamos en las clases, como una especie de resumen o guía de los principales temas abordados en ellas.

Siempre he creído que hay tan buenos libros, autores con tanta luz y buen oficio, que sentía una mezcla de pereza y reparo ante la idea de escribir un libro; me conformaba con mis anotaciones y cuadernos, no necesitaba más. Si a esto le sumamos la falta de tiempo y mi lentitud en casi todo, el resultado es que el objetivo de escribir más intensa y ordenadamente se ha ido demorando en el tiempo. Bien es verdad que es algo que ya sentía en mi interior que haría, percibía que se acercaba el momento adecuado.

Me iba tranquilamente preparando para poder transmitir mi comprensión sobre el vivir, así como sobre las prácticas y actitudes del Yoga, y cómo estas pueden ser herramientas muy importantes para mejorar nuestra salud, así como para salir del sufrimiento recurrente en el que vive el ser humano. El Yoga produce una unión, una coherencia, entre tu pensar, tu hablar, tu actuar. Para luego producir una unión (comunión) entre tú y la Vida. Han sido ya casi cincuenta años de estudio y práctica del Yoga Integral, cuarenta y cinco como enseñante. Puedo compartir contigo que el Yoga es un sistema profundamente sólido y confiable en el que adentrarte. Eso sí, siempre de la mano de un buen enseñante. Mejorará tu salud física y psíquica, te volverá más ético y compasivo y te ayudará a reconocer la dimensión espaciosa o espiritual que también tú *Eres*. Su profundo conocimiento se extiende a todos los planos del ser humano. Desde la práctica de los famosos asanas (posturas de yoga), al conocimiento profundo de la respiración natural, el arte de la relajación y el buen descanso, así como la importancia de una adecuada alimentación, como elementos necesarios para el buen desarrollo de nuestra vida. Hasta llegar a las prácticas cumbre de autoindagación y meditación, cuya llave maestra es la Atención Consciente, auténtico corazón de este libro.

También he creído que ha llegado el momento de compartir el inmenso aprendizaje humano y espiritual que me supuso conocer a Cayetano Arroyo, y que pude vivir de manera muy cercana durante doce años, hasta el día de su muerte, el 5 de marzo de 1991.

He tenido la suerte de prologar tres libros muy bien realizados y con bastante buena acogida por parte de los lectores. El primero, el de mi amigo del alma Danilo Hernandez *Claves del yoga*, es un libro que ha sabido reunir y enlazar temas muy importantes que antes aparecían inconexos. Es uno de los libros más vendidos sobre este sistema en español. El segundo, el del entrañable Dr. Armando Nougués *Respirar para vivir*, un libro muy valorado por el acercamiento de un científico tan práctico como Armando a un tema tan importante como es la respiración. El tercero, el de mi compañero de profesión Joaquín García Weil *Dominio de las técnicas específicas de yoga*, apropiado manual de consulta tanto para practicantes como para futuros profesores.

Fui coautor –junto a mi buen amigo Pedro Artero y otros autores– del libro *Medicina deportiva en la tercera edad* publicado por la Unisport (Universidad internacional del Deporte). Esporádicamente he escrito artículos en prensa, en papel y en medios digitales. Es decir, en mí siempre ha estado activo un deseo de comunicar y compartir lo que tantos años llevo aprendiendo en mi vida y profesión. De hecho, el *armazón* de este libro estaba ya medio realizado desde hace bastante tiempo.

Pero, aun sabiendo que tenía ya que imponerme la tarea de ordenar y terminar mis escritos, siempre surgía mi tendencia a posponer, como esperando un empujón y el tiempo de poder hacerlo.

Un suceso inesperado, desgraciadamente hostil y muy doloroso, ha hecho que me replantee todo, sacuda mi pereza y natural precaución.

El sábado 14 de marzo de 2020 el gobierno de España decretó el estado de alarma y el confinamiento de sus ciudadanos en sus domicilios, era la manera de intentar frenar el ascenso de una pandemia mundial producida por un coronavirus (SRS-CoV-2), causante de la enfermedad denominada COVID-19. Españoles, europeos y ciudadanos del mundo nos encontrábamos ante un reto de dimensiones desconocidas.

Esta pandemia atacó al corazón mismo de la Humanidad: somos seres afectivos y sociales. Reunirnos, relacionarnos, hablarnos, tocarnos y abrazarnos es fundamental para el mantenimiento de nuestra salud física y psíquica. Además, es la expresión de nuestra capacidad como seres humanos de interrelacionarnos, de crear vínculos. De hecho, hemos podido sobrevivir como especie por la capacidad de agruparnos, de ayudarnos, de cooperar; no deberíamos olvidarlo. Esta pandemia ha producido, además de tantísimos muertos, seres asustados y aislados, cuando no enloquecidos o totalmente desfasados. Heridos todos en lo más profundo de nuestra constitución humana, que ha sido, y es, sentir que estamos juntos. Que lo natural es relacionarnos, poder acompañar y ayudar a los seres que queremos y sentir que vamos en un mismo barco: el de la Humanidad.

También, se percibe la tentación de algunos poderosos por aumentar en estos momentos aún más su poder y autoritarismo, difundiendo el miedo y la urgente necesidad de un mayor control en todo. Qué difícil será recuperar tanto poder otorgado. Ojalá todo esto pase pronto dejando algo más de luz respecto a nuestra relación con la Naturaleza y a nuestro propio modelo de vida. Que se convierta en un punto de inflexión para que se dinamice más la solidaridad y no justo lo contrario. Que prevalezca más el caminar hacia una Utopía, aunque parezca siempre inalcanzable, que seguir creando una sociedad claramente Distópica como algunos adelantados pensadores ya diagnostican. Quiero creer y sentir que sí; no podemos seguir errando. Ya que, por más que pese a todos los que aún por desgracia están enfermos por cualquier tipo de codicia, ya hay muchísimas personas que trabajan para crear un mundo mejor para todos y no solo para unos pocos.

Este confinamiento hizo aflorar dos situaciones, para mí bien claras, que están muy relacionadas: la primera es que nos tuvimos que reinventar en cuanto al modo de comunicarnos con nuestros alumnos. La verdad es que gracias a la agilidad de mi hija Diana, esto ocurrió bien pronto. En prácticamente unos días nos puso a todos «las pilas» para impartir las enseñanzas *online*, y así poder mantener el vínculo (qué importante) con nuestro alumnado. La otra situación fue que al estar confinado me encontraba en casa y con mucho tiempo. Era el momento de terminar este libro que tienes ante ti.

Prácticamente todo lo que leerás aquí ha pasado por mi entender primero, para después ser comprendido (la comprensión hace que el entendimiento prenda en uno), luego poder experimentarlo y ser vivido.

Como irás comprobando en tu lectura, no trato de convencerte de nada, ni pretendo transmitirte viejas o nuevas creencias. No, este libro quiere presentar, incluso recordar, claves sencillas, profundas pero entendibles, que aparecen en distintas tradiciones y tiempos. Estas claves tratan de «abrirse camino» para traer más luz y armonía al ser humano. Se inscriben en la bien llamada *sabiduría perenne* que siempre acompaña a la Humanidad. Asimismo, me gustaría relatarte todo un camino de experiencia en mi investigación sobre el ser humano, sus enredos, sus sufrimientos, y cómo —cuando estos son profundamente comprendidos— sucede la liberación de ellos. También compartiré contigo la comprensión de saber que *Somos* más de lo que creemos ser, y el lugar en que este conocimiento te sitúa, que es en tu centro, en tu ser.

El libro está escrito de manera que cada capítulo tenga su propia independencia, pero manteniendo un hilado, una correspondencia, entre ellos. He intentado crear una sinergia entre todos los capítulos que nos permita, como antes apuntaba, comprender mejor la génesis de nuestro sufrimiento, su transformación, así como el reconocimiento de nuestra profunda Naturaleza.

Ya te digo por adelantado que notarás el uso algo libre de mayúsculas; algunas palabras aparecen así queriendo indicar que van más allá de lo personal e individual o de su significado habitual. Serán signos donde poder serenar la lectura. Igualmente notarás que comparto contigo mi interés por la etimología de las palabras y los dichos o refranes populares; todos guardan mucho conocimiento comprimido, pero accesible, para todo aquel que tiene despierto el interés por saber. He tratado, eso sí, de escribir de una manera bien llana, entendible, distanciándome a propósito de tecnicismos u oscurantismos que tienden a alejarnos de nuestra propia profundidad, evitando así que nos veamos a Nosotros Mismos.

He creído conveniente compartir contigo citas y anécdotas de maestros y amigos, que tanto personalmente como por sus escritos, me han ayudado en mí «darme cuenta», en ser mejor persona y en mi formación como profesor. Percibirás, tanto explícita como implícitamente, un mensaje que atraviesa este libro: nos hacemos con los otros. Somos en los otros. El ser humano existe en relación.

Recordando a J. Krishnamurti: «Uno es el mundo y el mundo es cada uno de nosotros. Porque el ser humano existe en relación; no hay santo, ermitaño o monje que no esté relacionado, aunque pueda retirarse a un monasterio o irse a alguna cueva del Himalaya, igualmente sigue relacionado».

Quiero señalar que para hacer más precisa la comunicación, he elegido escribir como suelo hablar, he hecho uso del genérico masculino con algunas excepciones. La propia temática del libro, por su complejidad, necesita de la mayor fluidez y claridad posibles.

Como te decía al comienzo de esta introducción, mi vida ha estado siempre muy acompañada de la observación y la autoindagación sobre esta nuestra existencia. Comprendiendo que hay una cuestión fundamental: la importancia de que el ser humano pueda salir de su círculo de sufrimiento, sea el autoinfligido o el infligido por condiciones y personas. Ambos provocan en nosotros la activación de mecanismos de defensa o alarma que nos llevan a vivir estresados, descentrados, e incluso con graves perturbaciones. Siendo estas las que nos apartan de la conexión con los otros y con este maravilloso planeta, siempre anhelando ser y olvidándonos de lo que verdaderamente Somos.

Hay una llave auténticamente prodigiosa para salir de este laberinto de enajenación en el que está inmersa la mayoría de la Humanidad. Esta llave la tiene todo ser humano, nadie te la puede dar o quitar, aunque a veces parezca perdida está ya en ti. Por eso, la utilización de ella no requiere que adoptes extrañas creencias, no requiere por tanto de tu fe ciega en algo o alguien, antiguo o nuevo. Tan solo de tu capacidad de investigar, de indagar, al fin y al cabo, de mirar, sí, de mirar... hasta Ver. Observar desnudamente esta vida que estás viviendo —tu cuerpo y mente incluidos— y así comprender todo mucho mejor. ¿Qué es esta vida? ¿Qué o quién soy yo? ¿El porqué y el para qué de nuestras ambivalentes experiencias? En ese mirar relajado, que siempre sucede en el momento Presente, está la llave que te permite salir de una somnolencia y aturdimiento, de un temor y agitación crónicos. A esta llave se la llama estado de Atención Consciente, te invita a vivir y dejar de anhelar y fantasear. Una vida abiertamente vivida siempre luce con luz propia ante las sombras y tinieblas de la ignorancia.

Esta llave te permite vivir una vida más saludable, más plena y participativa en tu quehacer cotidiano, te hace focalizarte e implicarte justo en aquello que sucede. Asimismo, y es importante recordarlo, es la llave que te lleva a la fuente, a la esencia intemporal que también Somos. Te trae a Ti Mismo.

He tratado de que nos asomemos juntos a mirar lo complejo y fascinante de la experiencia humana. A entender la construcción de nuestro sufrimiento y cómo poder salir de él al situarte en ti mismo, y sentir cómo esa transformación dinamiza tu vida personal y social.

Desde mi corazón al tuyo, espero que este libro te ayude un poquito en tu propio proceso de comprensión, te lleve recordar, a volver a sentirte, a Ser.

1

La Atención

Probablemente nos encontramos con uno de los temas —por no decir el tema— más interesante y profundo del ser humano. Tanto para el buen desarrollo de su vida aquí en la Tierra como para la comprensión aparentemente oculta de su profunda naturaleza. La Atención —y el natural estado que ella genera— permite acceder al potencial de vida inherente en cada ser humano y lo vuelve a situar en su propio centro.

La misma etimología[*] de la palabra «atención» nos va a permitir entender mejor la profunda dimensión en la que nos estamos adentrando. En latín, *attentio-attentionis*: acción de atender. Derivado de *attendere*, que se traduce como 'abrir, tender, extender... la luz del Espíritu hacia...'. ¡Casi nada! No nos habla de una actividad de la mente,

---

[*] Fuente: Oxford Languages.

sino del Espíritu: alumbrando, abriéndose, tendiéndose, irradiando... Entendiendo Espíritu como la esencia más íntima de cualquier dimensión, sustancia, objeto o forma.

El estado de Atención Consciente es mucho más que un registro mental o la capacidad de mantener un cierto foco de interés hacia algo. En estos casos hay modalidades de atención —con minúscula— como luego desarrollaré. La Atención Consciente no es, pues, algo que se relacione directamente con la dedicación, esfuerzo, voluntad o cualquier otra actividad humana. Se refiere a algo que Es, que está siempre. Es el dinamismo de la Pura Consciencia, dimensión que es base y sostén de todas las formas.

La Atención alumbra la Existencia, de la misma manera que la electricidad enciende aquellos aparatos a los que transmite su energía. Imagínate una de esas lámparas en las que la luz de la llama a través del cristal alumbra la existencia de las cosas. Ahora, podremos acercarnos a comprender la relación entre Consciencia (llama), Atención (luz que proyecta la llama), cuerpo-mente (cristal de la lámpara), Existencia (objetos alumbrados).

La Atención es el vínculo entre la Consciencia y la Existencia.

La Atención te presenta el mundo, te introduce en él. Abre la experiencia de esta vida. A través del cuerpo-mente la interpretas y la vives.

Es decir, siempre hay Atención que recoge y alumbra distintos contenidos, sean densos, sutiles, espaciosos o vacíos. Pero no siempre uno es consciente de estar atendiendo, conociendo, y dándose cuenta del lugar en que ello lo sitúa. Hay más un «saber de» que un Saberse (Saber-Ser).

Según la R.A.E., «la atención es la capacidad cognitiva que permite atender tanto a los estímulos ambientales como a los estados internos de cada uno...», esta definición tiene más semejanza de la que pareciese a primera vista con la definición etimológica que hemos visto. Nos habla de un saber, de estar conscientes tanto del mundo externo como del interno. También pareciese sugerir una cierta capacidad o modalidad de la mente. Veremos que es así en los primeros estadios de atención y en determinados casos de concentración relacionados con la eficiencia en distintas áreas de nuestra vida. Una mente estabilizada, aquietada, es la premisa necesaria, aunque no suficiente, para que surja y se reconozca el estado de Atención Consciente o de Presencia. En él, se está acogiendo, alumbrado, abrazando, la manifestación de la vida en cada momento.

La Atención implica en el ser humano una apertura que compromete a su cuerpo, corazón y mente.

La Atención Consciente es el centro o núcleo de sistemas tan profundos e influyentes como son el yoga o el budismo. Ambos con profundas bases antropológicas y epiestemológicas que nos permiten entender muy bien por qué sitúan a la Atención como la propia luz del Ser. También la Atención tuvo una gran importancia en los primeros albores del cristianismo, así como en antiguas religiones y tradiciones de diversos pueblos; tanto de Oriente como de Occidente. Se han documentado prácticas de Atención con gran similitud a las que hoy conocemos —también con determinadas diferencias— en Egipto, Persia, y Grecia, e igualmente en algunas tradiciones chamánicas de Asia Central y América. Siendo considerada la Atención Consciente clave para el proceso de comprensión profunda de la Vida y de «reconexión» Espiritual.

Es nombrada como: *Meditación*, *Contemplación*, *Presencia*, *Concentración*, *Observación*. *Mirar desde el corazón*, *Ver con los ojos del Espíritu*, *El ojo de Dios*, *La gran Abertura*, *La Mirada Interna*, etc. Todos estos términos, con matizadas diferencias, apuntan hacia lo mismo: la condición dinámica de la Consciencia.

Veremos que todos estos «sinónimos» de la Atención, eso sí, con importantes diferencias de enfoque, campo y grado de sostenimiento, tienen algunos puntos en común:

1. La luz del Conocer no está eclipsada por la identificación con la actividad mental.
2. En la Atención hay una percepción clara y nítida del Eterno Presente, el tan nombrado «aquí y ahora».
3. Cualquier contenido con el que nos relacionamos desde el estado de Atención Consciente, es mirado en ausencia de indiferencia y codicia, es decir, con ecuanimidad, pero también con empatía y altruismo, por ser visto como no ajeno, más bien como parte de Uno Mismo.

4. La Atención Consciente, reconoce la dimensión de donde ella misma surge; el Ser.

Atención y ciencia

Las ciencias humanas en general siempre han reconocido el valor de la Atención para retornar a la sabiduría y salir de un profundo y largo hipnotismo, que produce el seguidismo de creencias no observadas, no alumbradas. La neurociencia, a través de estudios computarizados avanzados ha comprobado su función también en la salud. Tuvieron gran resonancia los estudios realizados en el monje budista Matthieu Ricard. Los médicos vieron durante años el efecto que el estado meditativo tenía en su cerebro, su corazón y en el funcionamiento en general de todo su cuerpo. Monitorizaron distintos parámetros: estructurales, fisiológicos, cognitivos, emocionales, etc., y comprobaron las bondades de su práctica de Atención. Tanto les impresionaron los resultados que lo llamaron «el hombre más feliz del mundo». Los neurocientíficos hablan del estado de Atención Consciente como una llave que despierta en el cuerpo un estado de coherencia biológica (armonía entre sus distintos sistemas).

La psiquiatría y la psicología, en los últimos decenios, se han interesado también por el efecto de la Atención en el equilibrio interno del ser humano, en sus relaciones afectivas, así como su influencia en su adecuada participación social. Al principio, corrientes como la psicología transpersonal, humanista, la Gestalt, y algunas líneas de psicodinámica, fueron las más interesadas en las prácticas y procesos meditativos. Últimamente, además de las investigaciones de la neurociencia a las que antes hemos aludido, ha habido un enorme acercamiento desde distintos ámbitos científicos. Con la irrupción del *mindfulness* a finales del siglo pasado, con su rápida aceptación y difusión en ambientes fundamentalmente clínicos, educativos, y también en ámbitos deportivos y empresariales, se han venido contrastando unos magníficos resultados en aquellas personas que ejercían y mantenían su práctica de Atención Consciente. Su efectividad en la armonización del cuerpo y la mente ha hecho que en Occidente grandes investigadores miren con sumo interés lo que sucede en nuestro interior cuando estamos realizando una práctica cuyas raíces se pierden en el tiempo.

Una de las figuras más importantes en el desarrollo de la psicología del apego, el prestigioso doctor David J. Wallin, considera la Reflexión y la Atención como «las dimensiones fundamentales para la construcción de una personalidad sana y madura». Podríamos afirmar que la ciencia occidental ve con sumo interés el influjo del estado de Atención Consciente en nuestra vida física y psíquica.

Atención y atención

Hay distintos estudios sobre la excelencia humana desarrollados a finales del siglo pasado tanto en Estados Unidos como en Europa, realmente muy interesantes. Indicaban que las personas con gran prestigio o éxito en su profesión (se escogieron hombres y mujeres de distintos ámbitos: ciencia, educación, empresa, arte, deporte…) eran aquellas que sabían poner su atención en su acción. Es decir, el estado estabilizado de su mente, equidistante del embotamiento y de la agitación, les permitía enfocarse en aquello a lo que tenían que atender y lo hacían con gran acierto, más allá de las vicisitudes o dificultades por las que transitaba su vida. Cuando la atención se posa sobre el evento u objeto atendido siempre nos produce un mejor saber o aprender del objeto sobre el que posa su luz. Sucede así al no estar tan arrastrados por las interferencias de la fantasía o imaginación (pensamientos invasivos). Se indicó el ejemplo de grandes actores que podían interpretar magistralmente su obra, incluso atravesando difíciles momentos en su intimidad. Había gran atención, concentración y excelencia en su trabajo, en su pasión, o en su *hobby*, pero muchas otras áreas de su vida seguían a oscuras, ausentes de ellos mismos. La gran eficiencia de estos distintos profesionales en su trabajo, no siempre revertía en una profunda transformación interior, en una vida mucho más sabia y compasiva. En esas habilidades o eficacias, la luz de la Atención fluye sobre la actividad atendida. Digamos que en estos profesionales a los que se estudió, hay una «atención excelente». Caracterizada por:

1. Un cierto esfuerzo de la voluntad en focalizar el objeto.

2. Determinada exclusión de contenidos externos o internos, que no versen sobre el objeto atendido.
3. Una espera de gratificación o recompensa.

Características que se dan en los atletas a la hora de alcanzar un nuevo registro o en los cazadores enfocados en lograr su presa.

Qué lejos queda esto de las palabras de la filósofa Simone Weil: «La atención es la forma más rara y pura de generosidad, no puede depender de un empeño personal, ya que exige una virtud más que humana». En estas palabras la filósofa resalta algo fundamental, la natural disposición de la Atención a darse, a alumbrar a conectarte con la expresión vital del momento. *Es esta Atención, exenta de avidez y plena de altruismo la que actuará como una verdadera llave que abrirá la profundidad de la Vida y de Ti Mismo.*

De hecho, esta búsqueda de éxito, de recompensa, de la «atención excelente» activará áreas cerebrales y provocará respuestas neurohormonales distintas a las que se producen en las más que estudiadas prácticas meditativas. Como dijimos antes, una mente estabilizada es condición necesaria, aunque no suficiente, en el «darse cuenta», en la comprensión profunda, que es donde las prácticas de autoindagación y meditación te van situando.

En distintas tradiciones, y dependiendo del nivel de experiencia, se habla del estado de Atención o Presencia como generador de una percepción abierta, clara y profunda de la Vida y de Uno Mismo.

Atención y percepción

Piensa que nuestra percepción de esta «realidad» viene determinada por dos grandes condicionantes: nuestra propia constitución física, nuestra forma, con sus bandas de frecuencia para la captación y capacitación de la vida y también nuestra tradición, lo que a veces se denomina nombre. Este, nos hace ver e interpretar con nuestra mente lo que nos sucede a través de las referencias de esa tradición asumida que engloba el ambiente familiar, el educativo (incluido el religioso), el geográfico, y el «clima» social que nos ha tocado vivir. Por supuesto se incluyen también nuestras primeras conclusiones en nuestro «rodaje» en esta experiencia de vida. Todo esto sumado nos da una idea de nosotros y de la vida misma. Normalmente estamos muy influenciados, incluso limitados, por nuestra forma y nombre, cuerpo y mente, esto es completamente natural al adentrarnos en la experiencia humana. Hasta cierto punto es algo normal, siempre que esos elementos no obstaculicen su propia función, que es: servirnos para vivir. El cuerpo-mente debería ser el instrumento adecuado para la experiencia, para el abrazo de la Consciencia en la Existencia. Por eso cuando los condicionamientos mentales no son determinantes mucho menos limitantes, uno empieza a ver, sentir y estar en esta vida de una manera más propia e inteligente, acercándose a Sí Mismo, que es lo que va propiciando el estado de Atención o de Presencia.

Cuando este estado se va reconociendo y se afianza, va produciendo «grandes» comprensiones y sentires. A veces son traducidos (aunque lo inefable sea difícil de traducir) como, Paz, Libertad, Bondad, Plenitud, Espaciosidad, Compasión, Luminosidad, etc. Maneras de hablar de una percepción, de una visión holística de la realidad. De *El Todo Uno Abarcante*, que dijese mi querido Cayetano Arroyo.

Una experiencia de tal inclusividad te permite comprender mejor el mensaje de los grandes Maestros y Maestras, tanto de Oriente como de Occidente: «También Yo Soy el otro y lo otro». Refiriéndose tanto al prójimo como a la propia Naturaleza. Esto es así, porque el estado de Atención Consciente se eleva por encima de formas y nombres. Nos permite una modalidad del conocer No Dual —distinto del pensar—, donde la realidad aparece no diferenciada, no fragmentada y no ajena.

La Atención es previa a cualquier estímulo perceptivo, a los movimientos emotivos respecto al objeto atendido y a la información y opinión formulada por la mente. Ya que es la base misma donde todos estos movimientos e informaciones aparecen. Ella (la Atención) sería como la «banda ancha» por donde los *inputs* de información y estímulos transcurren.

La Consciencia (auténtica fuente de la Atención) permanece inalterable en cualquier contexto. Esta produce una acogida, un alumbramiento, un hermanamiento incluso respecto del objeto atendido y hasta en la ausencia de este. Eso es así, no hay dualidad. Luego, es la mente, codificada para clasificar y valorar los objetos, la que establece una relación dual, divisiva, restringida de nuestra percepción, que debemos saber está influenciada por nuestro contexto, vivencias, memoria de estas y las latencias inconscientes. Quedando la información, opinión o movimiento emocional altamente condicionados por todo esto.

Cuando decimos, hablando coloquialmente, que alguien nos atendió bien, no solo indicamos que fuimos recibidos y escuchados, más bien indicamos que nos sentimos acogidos de verdad, y que percibimos como esa persona mostraba empatía y compartía su inteligencia y buen hacer con nosotros. En ese tipo de encuentro, hay «atención cotidiana» que se percibe claramente. Y que necesita que quien nos atiende no esté desconectado de nosotros sino con nosotros. La condición de la mente, así como la identificación con ella, permite que pase más o menos la luz de Atención. Pero, como decíamos al principio, siempre hay Atención.

En momentos en los que nuestra vida corre peligro, en un accidente por ejemplo, tal y como cuentan muchas personas que lo han sufrido: «hay una visión ralentizada y unificada de la realidad». Hay una «atención extrema» por lo que acontece ante nosotros, la percepción está intensificada por la experiencia, y puede haber destellos de gran comprensión; podríamos decir que es una variante de la «atención excelente». Estas experiencias de «atención extrema» a veces pueden producir un gran cambio en el rumbo de nuestra vida, o sencillamente quedar en un impresionante recuerdo.

Cuando hablemos de *atención cotidiana*, *atención excelente* o *atención extrema* utilizaremos minúsculas para señalar que están aún muy tamizadas, acotadas, por nuestra mente. Cuando escribamos Atención o Atención Consciente con mayúsculas nos estamos refiriendo a ese estado de lucidez y comunión con la vida, con la Existencia.

Atención y existencia

La Atención es la llave que utiliza el místico (literalmente, 'Quien desvela el misterio'), para traer comprensión a las preguntas que de una manera más o menos consciente nos hacemos todos los seres humanos. ¿Quién o qué soy? Y el por qué y para qué de esta vida.

Cómo ves, el estado de Atención Consciente nos permite un desarrollo más pleno (inteligente y compasivo) en esta vida, y nos facilita nuestro propio autoconocimiento. Este estado de Atención o Presencia ha sido también llamado, por muchas sendas de Realización, «el Estado Natural». El regreso a Casa.

Lo que trato de transmitirte en este capítulo es que siempre hay Atención sobre los diversos planos de la existencia. En este plano material donde vivimos esta experiencia humana, habrá atención cotidiana, excelente o extrema según sea el transcurrir de tu vida, como modalidades de la gran Atención o Atención Consciente, que es la que te permite comprender la profundidad de la Existencia y te trae de nuevo a tu Ser.

La Atención nos posibilita un profundo saber sobre todo lo existente. Sé que todo esto puede dar algo de vértigo o provocar una lógica incredulidad, pero si nos vamos abriendo y vamos investigando serenamente, razonablemente, veremos que podemos entender lo que llamamos profundidad o espiritualidad del ser humano, sin necesidad de mantener a nuestra inteligencia secuestrada o apartada. No necesitamos que algo tan fundamental sea, o bien una cuestión de fe, o bien una experiencia subjetiva difícil de trasladar a la comprensión de los demás y a la cotidianidad de nuestra vida. Bien es verdad que lo que llamamos espiritualidad es una vivencia, de acuerdo, pero puede ser entendida, y luego comprendida, es decir el entendimiento empieza a «prender» en nosotros, para luego poder experimentarla y vivirla.

Desde diversos «ámbitos de espiritualidad» se suele afirmar que aunque hay muchos caminos, si son auténticos, de la misma manera que los grandes ríos desembocan en el Mar, los caminos desembocaran en la Totalidad Misma. En el *Tao Te King* (Ed. Sirio, 2019) se dice: «El Tao que puede ser expresado no es el verdadero Tao», entendiendo por Tao, a la Totalidad Misma. Claro, indica que la experiencia espiritual es algo vivido; por supuesto. La paradoja es que todos los místicos, el propio Lao Tse entre ellos, han dejado indicaciones escritas sobre su vivencia, o han hablado utilizando la analogía —relación de semejanza entre cosas distintas– para que las letras o palabras sean eco de su profunda experiencia.

Tanto en las grandes tradiciones espirituales como en el mensaje de los grandes seres, se adivina para aquel que sabe mirar más allá de la diversidad de lenguas, culturas y tiempos, una gran similitud en el fondo del mensaje trasmitido, ya sea escrito, hablado, e incluso simbolizado o dibujado. Se apunta hacia lo mismo: *somos más de lo que creemos ser, la Atención Consciente es la llave para descubrirlo.* Muchas veces el mensaje esencial de estas sendas de realización ha quedado oculto detrás de las formas y formalidades.

Bien es verdad que como dice mi amigo el doctor José Carlos Escudero: «todo san Francisco tiene su fray Elías». Dando a entender que primero está el místico con su vivencia y testimonio y luego quien interpreta, copia, ordena... y termina tergiversándolo todo.

A veces se nos han mostrado mezcladas, confundidas, la espiritualidad y la religiosidad. Existe una diferencia bastante clara entre ambas; la primera está abierta para todos sin excepción, la segunda es para unos pocos –qué curioso– siempre escogidos o elegidos. Esta última se muestra tan alejada de la vida, incluso a veces en oposición a nuestro mundo conocido y sus descubrimientos, a nuestro cuerpo-mente, a nuestra familia y relaciones, hasta a la propia Naturaleza, como si fuese otra cosa aparte. Sin embargo, la Espiritualidad de verdad integra e impregna todos los planos de nuestra existencia. Esto ha generado muchos equívocos en el sentir de tantísima gente. El camino espiritual, si es verdadero, es un camino de apertura, de integración, de inclusión, de suma.

En el proceso de lo que llamamos «camino interior» hay un paso considerado fundamental y es ir disolviendo la percepción enajenada que se tiene respecto de los otros y del mundo.

Como es de sobra conocido, hay distintos principios y aforismos, que han perdurado en el tiempo tanto en Oriente como en Occidente, que apuntan hacia la unión y semejanza de los distintos componentes de la Existencia. Te recuerdo algunos muy conocidos: «como es arriba es abajo, como es adentro es afuera, como es para lo pequeño es para lo grande» (*Kybalión*); «Conócete a ti mismo y conocerás el Universo» (grabado en la entrada del santuario de Delfos, Grecia). Todos ellos te invitan a mirar, mirar... hasta *Ver*.

Vamos a utilizar la maravillosa *herramienta* de la analogía que siempre nos invita a comprender. Si observamos el cuerpo humano —como una diminuta totalidad— su constitución es un ejemplo perfecto de integración, de inclusión, de suma. Podríamos decir que el cuerpo humano contiene en relación un conjunto de sistemas (nervioso, linfático, circulatorio, digestivo, etc.), y estos sistemas contienen en relación distintos órganos (en el caso por ejemplo del sistema digestivo, estaríamos hablando del estómago, el hígado, el páncreas, etc.). A su vez, cada órgano contiene en relación un sinfín de células, estas a su vez contienen en relación determinadas moléculas, estas también contienen en relación un «universo» de átomos y estos a su vez contienen en relación los «multiversos» de las llamadas partículas subatómicas. Para la construcción del cuerpo humano, cada dimensión mayor integra a la menor —sin que esta desaparezca— para luego formar la propia. Estamos viendo en la forma humana distintas dimensiones, cada vez más abarcantes, que se van conteniendo y relacionando entre sí, sin ningún tipo de exclusión; esto se da en un sinfín de formas —además de la humana— en todo el Universo.

Miremos ahora, con la visión integradora que la Atención permite, a la propia Existencia, visión muy semejante a la que tienen hoy en el mundo de la ciencia (astronomía, física) y de la filosofía práctica. Veamos: lo Espacioso (que es la dimensión de causalidad percibida como fondo de los movimientos e interacciones de la energía, e incluso la dimensión donde se enmarcan los espacios) contiene —y se relaciona con— lo energético o sutil. A su vez, este plano de sutilidad contiene —y se relaciona con— el plano masa-materia, lo que consideramos visible y tangible. Todo en relación, todo simultáneamente. Cada plano de mayor amplitud y menor densidad organiza y armoniza el plano más manifiesto u observable, manteniéndolo e integrándolo en el mayor, más extenso y sutil.

Es así como los antiguos Sabios y Sabias «veían» al ser humano, como la unión de cuerpo, alma y Espíritu, o materia, energía y Consciencia. Una visión Trinitaria (conjunto de tres) que nos permite comprender mejor tanto la conformación de lo existente como la del propio ser humano. Pero todo entrelazado, mezclado, en unión; aquí no hay compartimentos que separan, más bien límites (aparentes) que se permean o penetran entre sí. Esta visión trinitaria de todo lo existente, a veces tan experimentable en el estado de Atención Consciente, nos permite acercarnos a la profundidad que Es, más allá de las resaltables apariencias. Somos forma de vida temporal y Vida intemporal, simultáneamente enlazadas en el Eterno Presente.

El testimonio escrito o hablado de los místicos de cualquier tiempo o lugar apunta hacia esa Realidad. A veces, por traducciones deficientes o interpretaciones con escasa base experiencial, se ha dado paso a indicaciones algo erráticas. No debería ser muy difícil redescubrirse a Uno Mismo, ni habría que viajar muy lejos o pertenecer a un particular club, hermandad o logia para hacerlo.

La Atención es hoy, sin duda, la llave para una vida más eficiente en todos nuestros planos de desarrollo humano, pero también es la llave para reconocer la dimensión profunda e intemporal que sostiene a la forma humana, así como a todas las formas y manifestaciones que se dan en la Totalidad Misma.

Todos los seres humanos estamos ya impulsados hacia esa comprensión y experiencia. El camino puede ser, para esta individualidad aparentemente separada, más liviano y claro o más cargado de confusión y sufrimiento.

2

El sufrimiento

Se cuenta que el Buda, al ser muy longevo para su época, tuvo muchos admiradores, seguidores y discípulos en vida. Se acercaban a él para tratar de entender su enseñanza. Unos buscaban cómo mejorar su salud y bienestar, a otros les movía un intenso deseo de conocer los mecanismos ocultos que rigen la vida y el propio Universo, otros querían saber cómo alcanzar determinados *siddhis* (poderes), y una gran mayoría no sabía si había instaurado una nueva religión a la que quizás fuera bueno adherirse. A todos respondía lo mismo: que él enseñaba el sendero para salir del sufrimiento.

Para el Buda, la vida en sí era generadora de sufrimiento, eso sintió en sus primeros descubrimientos con la pobreza, la enfermedad, la vejez y la muerte, según cuentan sus biografías. Pero descubrió a través de sus profundísimas experiencias meditativas que el «gran sufrimiento» lo producía la ignorancia. Sí, la del que ignora y no ve su profunda naturaleza, como las propias leyes que rigen la Existencia. Indicando que la ignorancia se perpetuaba al querer llenar esa «ceguera» o desconexión a través del fuerte deseo (sed) de cosas y experiencias, generando una dinámica dual de aferramiento-aversión, es decir codicia-temor.

Mirando la etimología de la palabra sufrimiento veremos la profundidad de su significado. Veamos, sus componentes léxicos en latín serían: *su* ('abajo') *ferre* ('llevar') *mento* ('modo'). Es decir, modo de llevar abajo, de esconder o de alejar de nuestra mirada, de nuestro enfoque. También soportar, ocultar, o llevar una pesada carga.

La Atención Consciente es justo lo contrario, te recuerdo, es mirar, mirar... hasta Ver, es alumbrar, bañar de luz cada momento.

Es muy importante comenzar por diferenciar sufrimiento de dolor, sea dolor físico o dolor afectivo. La propia etimología de la palabra, como siempre, aporta mucha claridad a lo que trato de exponer. Del latín *dolor, doloris*: «Resultado de ser golpeado por algo o por alguien», es decir el producto de algún tipo de agresión interna o externa. Bien es verdad, y es importante saberlo, que al padecer cualquiera de los dos tipos de dolor, si no hay un adecuado sostenimiento y discernimiento de estos, se suele sumar a ellos el sufrimiento. Por ello, es fácil confundir dolor y sufrimiento, pero su naturaleza es bien distinta como trataremos de explicar.

El dolor físico es una señal de nuestra naturaleza biológica, una advertencia, una disrupción en ese flujo de equilibrio que nos hace sentirnos, normalmente, medianamente bien. Parecido a cuando vas conduciendo tu coche y surge un pequeño golpe externo, percibes un ruido extraño o, en este tiempo tan tecnológico, se enciende un testigo en el panel de información advirtiéndote de que algo no va bien. Indica algo a lo que tienes que prestar atención, quizás necesites intervenir o pasar por el taller. De la misma manera se enciende el dolor en nuestro cuerpo, ya sea por una agresión externa, por carencias vitales o por un mal funcionamiento o desequilibrio interno. A veces también hay dolor durante un proceso de reparación del propio cuerpo, pero del que ya somos más conscientes.

A menudo, el dolor físico genera un estado de alarma que, si no se soluciona más o menos pronto, genera un círculo de estrés en el que aparece el sufrimiento.

En última instancia, el dolor físico también nos hace conscientes de que este cuerpo es vulnerable y finito. Es decir, envejece, enferma y muere.

Todos debemos cuidar el cuerpo físico, pues es el vehículo o instrumento más evidente con el que captamos y expresamos la vida. Debemos conocerlo, escucharlo y tratarlo adecuadamente. Como una persona cuida y presta atención a las señales que su coche le muestra cuando lo utiliza. A veces nuestro entendimiento puede prever futuros fallos sencillamente observando y cambiando pequeñas pautas de uso, sin necesidad de esperar a que se encienda una luz de advertencia en su cuadro de información. De la misma manera, nuestro cuerpo nos manda señales anticipadas que a veces no sabemos o no queremos escuchar, hasta que aparece el dolor o el malestar continuado, para que lo atendamos e intervengamos.

A veces, basta con hacer cambios en la manera en la que conducimos nuestra vida; esto sería excelente. Otras, tenemos que llevar nuestro vehículo físico a que sea «reparado» por los profesionales de la salud, que son los que más entienden de él. Igual que no se nos ocurriría *en plan bruto* seguir conduciendo sin hacer caso de la señal de alarma, o limitarnos a tapar la luz que se enciende en el cuadro del coche para no verla, que no nos moleste y seguir en nuestro camino, asimismo, no deberíamos soportar o solo «tapar» el dolor físico, mucho menos si es recurrente.

Muchas veces nos encontraremos con dolores crónicos de distinta naturaleza, algunos son producto de la edad o de largas enfermedades. Estos dolores deben ser aliviados por los especialistas, pero a la vez podemos implementar hábitos saludables que ayuden en la dirección que trabajan los médicos. Será muy importante admitir y sostener esa situación dolorosa en nuestra vida, no tomarlo como un fracaso personal, hay dolor y enfermedad en la experiencia humana no solo en nosotros. Esa comprensión será el primer paso para estabilizar cualquier disrupción en nuestra vida física o afectiva. Hay también dolores recurrentes cuya lesión física pudiese estar ya resuelta, pero que implantan un circuito irritativo en nuestro cerebro. Si esto no es de nuevo aceptado y comprendido, iremos creando un estado de alarma en nuestra mente, un estado que llama al sufrimiento.

Gracias al buen hacer de nuestros profesionales de la salud, el dolor físico tiene la mayoría de las veces –que no siempre– un buen y digno tratamiento. Pero el dolor existirá, porque sus señales son vitales para la supervivencia. Estas nos permiten realizar cambios o ajustes en nuestra vida para mejorarla o buscar ayuda. También nos avisan y recuerdan que deberíamos aprovechar esta experiencia de vida al comprender nuestra evidente temporalidad.

El dolor físico es consustancial a la propia vida, por más que hoy podamos calmarlo (muchas veces anticipándonos, al hacerlo demasiado pronto, sin haber escuchado bien su mensaje).

Este mundo dominado por las apariencias, el culto al cuerpo y el excesivo valor otorgado a lo cómodo y placentero ha creado personas muy desconectadas de su cuerpo. No entienden el origen de las diversas señales del dolor y el malestar físicos. Estas señales a veces necesitan pequeñas medidas de cuidado o descanso, como también requieren cambios en el desarrollo de nuestros planes. El dolor físico es producto a veces del esfuerzo continuado tanto físico como psíquico que determinados trabajos y estilos de vida imponen. Algunos seres humanos bastante desconectados de su cuerpo incluso entran en una espiral que los envuelve en la hipocondría, el hedonismo, la vigorexia, o el excesivo culto a la imagen que, aunque parezcan hábitos muy diferentes, son maneras extremas y distorsionadas de mirar y sentir al cuerpo y al dolor.

Hay quienes, tremendamente confundidos, creen que aquellos que padecen dolor físico o enfermedad, sea por la condición que sea, es porque «no van bien en su desarrollo espiritual». Cuánta banalidad, cuánta inconsciencia.

Debemos, pues, poner atención en el lenguaje del cuerpo y sus cambiantes sensaciones. Porque si no, muchas veces el malestar físico —más aún si se trata de un dolor físico continuado— crea un yo mental que vibra en esa frecuencia, y al identificarnos con él, genera el dolor psíquico o el sufrimiento.

El dolor afectivo, como su nombre indica, no es un dolor del cuerpo; es un malestar, una aflicción, un desconsuelo ante las dificultades y el sufrimiento que padecen las personas que quiero y ante mis propios desencuentros con ellas. Implica sentir más allá de nuestra desdicha y alegría. Indica que tenemos empatía, capacidad de sentir al otro. Que nuestro corazón (evidentemente no me refiero exclusivamente al órgano) es más grande, tiene una red de relaciones que siente como suyas, con las que se conecta para vivir y que da lugar a una capacidad para sentir los éxitos y los fracasos de los demás como propios.

El dolor afectivo se vive en el cuerpo como una alteración de los elementos sutiles que nos conforman. Según la constitución de la persona y el tipo de dolor afectivo, sentiremos un desequilibrio sobre todo en nuestro sistema nervioso y en la energía que anima el cuerpo. *Se refleja en uno, la preocupación por el otro.*

El dolor afectivo ante la pérdida o dificultad de un ser querido dice tanto y tan bien de nosotros, nos humaniza, nos hace profundizar y mirar al misterio de la vida. Nos para en nuestro ritmo habitual, remueve nuestro sentir, nos une fuertemente a los otros, nos llena de sensibilidad y disposición de ayuda.

Ante las pérdidas afectivas, fundamentalmente las muertes y en menor grado las separaciones, deberíamos estar bien conscientes de nuestro sentir, notaremos que nuestra existencia se tambalea al perder un punto de conexión fundamental en nuestro despliegue de vida. Después del natural tiempo de duelo o desconsuelo, percibiremos que esas personas importantes, aunque hayan dejado este plano físico en el caso de las muertes o nos hayamos desvinculado de ellos en el caso de las separaciones, si de verdad formaban parte de nuestro corazón siguen de alguna manera con nosotros y nos acompañan de otro modo. Estas fuertes pérdidas deberían despertar aún más nuestra lucidez, generosidad y cooperación para con aquellos que aún caminan con nosotros en esta vida.

Darle espacio a ese dolor afectivo, y saber sostenerlo adecuadamente, será un motor de trasformación para volvernos mejores personas en todos los sentidos, y no solo una coartada para la amargura.

Cuando el dolor afectivo no es acogido y comprendido, pasado su natural duelo o desconsuelo, surge la resistencia hacia Lo Que Es (la propia manifestación de la vida). Pensamos más en lo que nos debería o no nos debería ocurrir, y entramos en una espiral de malas interpretaciones, despertando en nuestra mente un yo dolido y amargado por lo ocurrido, que, al identificarnos con él, trae la aflicción incluso la desesperación. El círculo del estrés se despierta, sea del signo que sea, más activo o más pasivo, y con este el sufrimiento.

Hay seres humanos, de gran evolución y sensibilidad, que no solo sienten dolor afectivo por las pérdidas, aflicciones y dificultades de sus próximos, les duele también el Mundo, y en su Corazón están todos los seres humanos, con sus aflicciones e injusticias; estos van un poco por delante de los demás, son como guías de evolución de la Totalidad Misma en la Humanidad.

Solo las personas muy dañadas no sienten el sentir del otro, en el plano ético se les llama desalmados y en salud mental, psicópatas. Son personas con el sentimiento bloqueado como si padecieran una parálisis, pero no en el sistema musculoesquelético, sino en el sentir, en el afecto, en su capacidad de empatizar. Hay mucha literatura, y no solo clínica, que se ha interesado en este tipo de estructuras psicológicas, que fundamentalmente se relacionan con el otro por interés o por experimentar una adictiva sensación de dominio. Hoy, estos perfiles son buscados por grandes compañías o corporaciones tanto públicas como privadas, para que sean los hacedores de oscuros y espurios intereses.

Hay algunos movimientos pseudorreligiosos que ven en el dolor afectivo una especie de debilidad espiritual, vendiendo una Arcadia feliz (donde uno ni siente ni padece) que censura el dolor afectivo, así como la preocupación por el entorno sentimental, familiar y social. Tratando casi de secuestrar a las personas con promesas de futura «felicidad». Ahogando entonces, sus afectos, empatía, solidaridad..., y apartándolas o anestesiándolas de estos altos sentimientos, tan inclusivos y solidarios. Estos sentimientos son las fuerzas fundamentales que harán que la Humanidad dé un paso enorme, al sentirnos hermanados entre nosotros, y también con la Naturaleza que nos acoge. *Padecer dolor afectivo, saber llevarlo, significa que te estás convirtiendo en un buen ser humano.*

Otra cosa es el sufrimiento, repito. Es facilísimo despertarlo y enredarse en él cuando el dolor físico y el afectivo no son acogidos y comprendidos. Parece más fácil diferenciarlo del dolor físico que del dolor afectivo. En este último el objeto de preocupación y ayuda debería ser el otro y no yo mismo. Si esto no está claro, entonces lo que surge es el dolor psíquico, antesala del sufrimiento.

La mayoría de las veces, el sufrimiento es una condición demasiado normal, por desgracia, en personas que no padecen dolor de ningún tipo, eso nos tendría que abrir los ojos, con respecto a su peculiar estructura.

Para el Buda vimos que el origen del sufrimiento es la ignorancia, es decir: *aquel que se ignora, quien no percibe su esencia y profundidad*. Desconectados de nuestra esencia, se percibe un gran vacío o falta, uno se siente perdido y trata de agarrarse a cualquier «cosa», asirse a algo para dejar de sufrir, con la misma urgencia que un náufrago se agarraría a un pequeño flotador. Buscando esa «salvación» en algo fuera de sí y no en uno mismo. Esto ocurre por la identificación con una mente ya perturbada, disfuncional, impulsada y pilotada por el deseo compulsivo, auténtico eco o grito de nuestra «sensación de vacío», genuina fuerza y voz del sufrimiento.

El sufrimiento, como muy bien indica su etimología, consiste en llevar una carga de la que no sabemos cómo liberarnos, lo que produce una profunda insatisfacción, que a veces aparece como rabia, angustia, agitación y abatimiento. Genera además un aturdimiento, una dificultad enorme para ver y comprender las causas de esa tensión e infelicidad. Como si fuésemos controlados por fuerzas ajenas a nuestra voluntad y Consciencia.

Normalmente no podemos ver, ni por lo tanto comprender, aquello que ignoramos. De igual manera, no podemos conocer todo aquello que rechazamos, pues queda apartado de nuestro mirar, sin luz, oculto, reprimido, y necesitamos, de manera consciente o inconsciente, un extra de nuestra energía psíquica para evitar que salga a flote.

A otro nivel, también ocurre con aquello con lo que me identifico, ¿cómo voy a mirar, a conocer, lo que yo creo ser?, mis hábitos, creencias y valores. Ese tan oído, «es que yo soy así», como si fuésemos una maquina programada para no cambiar. De hecho, este tipo de creencias tiende a perpetuar el círculo del sufrimiento.

De manera muy distinta al dolor físico y afectivo, el sufrimiento aparece como efecto de una cierta ignorancia o enredo. Surge por supuesto también ante la dificultad de no poder desplegar nuestro potencial de vida. Imagínate una planta (puedes ser tú), que viene a desarrollarse, crecer, florecer y... no puede. Ese no poder dar cauce de expresión a nuestra vida en la Vida también produce sufrimiento.

El sufrimiento espiritual es el desconsuelo de no percibir, y por tanto ignorar, todo lo que Eres más allá de las formas y circunstancias temporales. El sufrimiento psicológico tiene que ver con las alteraciones, bloqueos y enredos que surgen en nuestras fuerzas de desarrollo o capacidades adaptativas para la vida, instaurados fundamentalmente en los primeros albores de nuestra existencia y que hacen que estas clamen su déficit, su falta. Este último sufrimiento solo se puede consolidar existiendo el primero. Pero los dos sufrimientos, ambos, se unen en un sufrir como resultado de una sensación muy sentida de carencia.

Aunque todo termina incidiendo en el cuerpo, podríamos decir que el dolor físico es un mecanismo evolutivo de nuestra dimensión material, el dolor afectivo es un golpe en el corazón de la red que teje nuestros vínculos, y el sufrimiento es una condición mental.

Hay muchos dolores físicos, cuya naturaleza como apuntábamos antes es de origen anímico, que se reflejan en el cuerpo. Es importante ir entendiendo que somos una unidad cuerpo-mente, el cuerpo es la parte densa de la mente, y la mente la parte sutil del cuerpo, y es obvio que se reflejan mutuamente.

Las llamadas somatizaciones son padecimientos, dolores, disfunciones, enfermedades de etiología en apariencia desconocida, presuntamente de origen emocional o anímico.

En Occidente, a finales del siglo XIX, tanto Josep Breuer como Sigmund Freud, los dos grandísimos investigadores del psiquismo humano, entendieron que diversas patologías y sufrimientos mentales necesitaban una comprensión más profunda; una mirada nueva que se dirigiese más a las causas que a tratar de paliar los efectos o síntomas.

Los tratamientos de salud mental de aquella época eran tan agresivos que terminaban con muchos pacientes aislados o incapacitados para una vida normal. En sus investigaciones, en la línea en la que también estaban explorando médicos de gran prestigio como Jean-Martin Charcot, se aventuraron a realizar tratamientos nuevos como la hipnosis, la liberación catártica, la comprensión de los sueños...

Más adelante Freud profundizó en la génesis del sufrimiento de una manera realmente brillante, fue reflexionando e investigando día a día, paciente a paciente en su práctica como médico. En sus exhaustivos estudios ahondó en todo lo referente a las perturbaciones psíquicas y fue generando su propia visión. Muchas personas sin alteraciones orgánicas, ni accidentes previos, «aparentemente» sin evidentes conflictos laborales o familiares importantes padecían el «mal del alma», es decir, sufrían, supuestamente sin causa aparente, crisis histéricas, fobias, angustia generalizada, melancolía, depresión, somatizaciones a veces invalidantes, comportamientos extraños, perversos, incluso maliciosos.

Comprendió Freud que estos síntomas eran producidos por impulsos e informaciones con gran carga de energía emocional, totalmente ajenos a la voluntad y a la consciencia de los afectados. La mayoría de ellos tenían causas ocultas a las que no se sabía acceder. Su espíritu investigador le llevó a querer encontrar un cierto mapa para comprender mejor la psique humana, sus fuerzas y sus desórdenes, cuyas causas venían de lo que él llamó *el Inconsciente*. Este sería una inmensa y «oscura» dimensión que sostiene y dirige nuestro yo consciente. No solo guarda o esconde materiales difíciles de asumir para nuestro ego, también custodia un enorme potencial de vitalidad y creatividad. Creó una nueva terapia —el psicoanálisis— un encuentro entre el paciente y el médico. Las claves de la terapia estaban en el habla completamente libre del analizado y la escucha abierta y atenta del analista, creando entre ambos un espacio y un vínculo benefactor y curativo.

Aunque la propia evolución del psicoanálisis ha llevado a ampliar y superar algunos postulados de su descubridor y a posicionar distintos enfoques en el encuentro terapéutico, nadie podrá negar a Freud su revolución e inmensa contribución a esclarecer los llamados «males anímicos». Comprobó, como él ya intuía, que los desórdenes de hoy apuntaban hacia huellas antiguas de conflictos ocultos en el pasado. Dando mucha importancia a la historia, al pasado del analizado, sobre todo al tiempo de crianza y educación. Este tiempo es considerado por Freud fundamental para entender el desarrollo y la construcción psíquica del individuo.

3

¿El pasado modelador?

Si preguntásemos a distintos estudiosos de la condición humana —independientemente de que su orientación sea más biologicista, psicológica o espiritual— qué es lo más determinante para que hoy sintamos, pensemos y actuemos de la forma en que lo hacemos, probablemente todos llegarían al acuerdo de que es nuestro tiempo de crianza y educación.

Algunas personas darán importancia además a sucesos como nuestro impulso de manifestación (karma), el influjo de los astros y la vibración sentimental de la concepción. Otros, desde una visión más clínica o psicológica, valorarán también la carga genética, el tiempo de embarazo y el momento del parto. Es verdad que todas estas variables influyen también de manera relevante en que seamos hoy como somos. De hecho, cada una de estas variables tiene su propio ámbito de estudio. Pero según vamos ahondando en el conocimiento del ser humano, vemos que en los primeros meses y años de nuestra vida adquirimos modelos de aprendizaje, que tienen tanto peso que podemos hablar de un pasado modelador.

Los modelos de aprendizaje son asumidos como programas de funcionamiento para la vida y antes de que nos demos cuenta de si son o no buenos para nosotros y para los demás, estos muchas veces ya han sido adoptados.

Entonces te preguntarás el porqué de los signos de interrogación que acompañan al título de este capítulo. Pues porque nada más lejos de mi intención que ser determinista o, mucho menos, fatalista. Es bien sabido que diversas personas viviendo en un mismo hábitat, y «aparentemente» recibiendo el mismo trato de sus familias o cuidadores, pueden realizar caminos muy distintos en su vida. Hay evidencias y estudios que así lo indican, incluso en hermanos mellizos y gemelos. Advirtiéndonos que cada persona con sus actos y decisiones en cada momento va marcando un rumbo de desarrollo en su vida. Esto nos confirma la original formación de cada ser humano. La Vida crea originales de vida, no somos piezas de una fábrica que, con una determinada programación y el mismo proceso de fabricación, salen iguales cual replicas.

Pero todas estas excepciones, que son muchísimas, no contradicen el hecho de que nuestro ambiente va «rociando» sobre nosotros sus paradigmas familiares, educativos y sociales, que tienden a facilitar en nuestra manifestación de vida, una dirección guiada, casi programada, oculta e inconsciente. Adquirida fundamentalmente en nuestros años de máxima vulnerabilidad, permeabilidad y que, por lo tanto, nos hace susceptibles de ser moldeados con facilidad.

En distintas investigaciones sobre la biología humana se está comprobando lo determinante del fluido extracelular, particularmente del líquido intersticial que rodea las células. Se ve lo fundamental que es para nuestro buen desarrollo biológico el estado del «ambiente» que baña y abraza a la membrana celular, así como sus interrelaciones, y no solo la información genética transmitida en su núcleo. Ese ámbito y sus interrelaciones en la célula son en nosotros —el cuerpo humano lo forman aproximadamente treinta millones de millones de células— nuestro ambiente y nuestras circunstancias, muy especialmente aquellas que nos encontramos en nuestros primeros tiempos de vida. Estas son claramente sustanciales para el buen despliegue de nuestra existencia. Hoy se sabe que el líquido extracelular se enrarece e intoxica con la falta de descanso, con una deficiente o insana alimentación, con un aire enrarecido, con la falta de ejercicio y con la destemplanza emocional. Sus opuestos serían nuestros auténticos «pilares de la salud» como titula uno de sus libros mi amigo Carlos Gómez-Carrera.

A la unidad cuerpo-mente del ser humano le ocurre exactamente igual que a una célula, el ambiente la nutre o la intoxica. Somos tanto a nivel somático como energético una agrupación de células, partículas subatómicas y ondas de expresión, como ya antes hemos resaltado, que nos formamos con los «campos» de sutilidad bioenergéticos que nos rodean.

Ese tiempo de crianza y educación va a modelar nuestra manera de percibir y pensar, de sentir y actuar. Va a ser como un «manual de instrucciones» (programas) en cuanto a la manera de relacionarnos con nosotros mismos y con los demás.

En esos primeros meses y años, el bebé es impregnado del ambiente que le rodea, del que forman parte sus padres o cuidadores, que va a ser fundamental, no solo para su supervivencia, sino también para facilitar el adecuado despliegue de su potencial de vida. «La experiencia afectiva del niño (fundamental para su desarrollo) es una propiedad del sistema niño-cuidador y se regula dentro de este sistema» (Stolorow-Atwood).

El prestigioso psicoanalista británico John Bowlby resaltaba: «Hay una preprogramación biológica en el ser humano para construir vínculos estables que van a facilitar su vivir, y en caso de no poder realizarlos adecuadamente condicionarán su futuro». Incidiendo en la existencia de un vínculo primordial, especial, que generalmente se forma con la madre.

Para facilitar el desarrollo óptimo de la vida, va a ser imprescindible que se den dos fuerzas aparentemente opuestas que, sin embargo, son en realidad complementarias: *el cobijo* y *la aventura.*

El cobijo es la primera búsqueda de un recién nacido al salir a un mundo nuevo, que es sin ninguna duda, muy distinto del flotar cálido y protegido en el vientre materno. Esa búsqueda de calor, nutrición, resguardo... va a marcar sus primeros impulsos. Aquí la madre, o en su caso la figura sustitutoria, le transmite (así debería ser) el primer mensaje sentido de «eres bien recibido», «estoy aquí contigo». En un tiempo de tan extrema vulnerabilidad y dependencia, ese cobijo produce un estado de unión y placidez, que se desarrollará más adelante como empatía y seguridad en el niño. Eso si no surgen carencias y traumas como veremos más adelante.

Ese sentir que estás nutrido, acogido y protegido activa una buena homeostasis (autorregulación) que marcará el buen comienzo de los importantes equilibrios internos, que son necesarios para que la vida se desarrolle adecuadamente. De igual manera, todo el campo energético que penetra y rodea a las formas de masa-materia —y nuestro cuerpo lo es— empezará a pulsar adecuadamente (*pulsación de relación*).

Hay un concepto en psicodinámica muy utilizado por el prestigioso pediatra y psicoanalista Dr. Winnicott; me refiero al *handling*, que hace referencia a la manera en la que los padres o cuidadores sostienen, abrazan y tocan a sus recién nacidos. Los niños —como auténticos receptores y emisores altamente sensitivos— empiezan así a establecer los primeros y fundamentales vínculos con sus padres o cuidadores.

En los primeros momentos (meses, años) los niños sienten la vida, y no los conceptos de vida. Son expertos en captar los ambientes emocionales y sentimentales que los rodean. Son como auténticas esponjas que absorben el mundo emocional en el que se encuentran, mimetizándose con él.

El cobijo, como lugar y atmósfera donde recogerse y formarse, tendrá que ir de la mano de la aventura, es decir, de la capacidad de moverse, de explorar, curiosear, sentir y comprender el entorno. Exploración totalmente necesaria para la maduración de su sistema nervioso, y para activar su potencial de vida. La aventura abre el sistema sensoriomotriz del niño para adquirir el conocimiento y permitir la interacción con su entorno.

La aventura bien encauzada en el niño le irá enseñando a acoger la imprevisión del vivir y cómo acomodar sus respuestas ante ello. También experimentará sus primeras y normales dificultades de adaptación a la vida, teniendo sus mejores aliados en la fuerza evolutiva que lo empuja a manifestarse y en los consejos y directrices de sus padres o cuidadores. También experimentará sus primeras frustraciones y a través de estas conocerá su potencial emocional de respuesta hacia ellas. En esos instantes será importante que el niño reciba una adecuada explicación por parte de sus padres y cuidadores y, además, se sienta comprendido por ellos.

La aventura va desarrollando en el niño su confianza en su capacidad de explorar la vida, así como la capacidad de razonar, de reflexionar sobre los acontecimientos con los que se va encontrando.

Estas dos fuerzas fundamentales y complementarias son la base para que puedan desplegarse en el niño sus fuerzas de desarrollo o capacidades adaptativas que son nuestro «lenguaje de vida» que tanto consciente como inconscientemente nos está informando constantemente del nivel de su desarrollo.

- La primera de ellas, el propio mecanismo de preservación de la vida y la salud, se asienta cuando hay un ambiente que predisponga a los necesarios equilibrios internos, con capacidad de acceso a la nutrición y al resguardo, es decir, con *capacidad de cohesión y conservación*.

- La segunda, la apertura propioceptiva y sensitiva hacia su entorno, hacia sus vínculos, fundamentalmente, al principio, al que establece con sus padres o cuidadores, es decir, la *capacidad de relación, de afecto*.

- La tercera, su capacidad de agencia, de autonomía, de acción, de confianza y disfrute de su movimiento, así como aprender a solventar sus primeras pruebas y problemas, es decir, la *capacidad de actuación*.

- La cuarta, el desarrollo de su razón e inteligencia, de su capacidad de discernir, de ir entendiendo los diversos lenguajes de la vida y comprendiendo lo adecuado para su propio desarrollo, es decir, su *capacidad de comprensión*.

Evidentemente, aunque aquí las numero, todas estas capacidades adaptativas se desarrollan más o menos simultáneamente, impulsadas por la adecuada unión de cobijo y aventura. Cada vez que me refiera a nuestras fuerzas de desarrollo o capacidades adaptativas del vivir, me estaré refiriendo a estas cuatro grandes áreas de la vida, cada una con su propias subdivisiones y combinaciones. El desarrollo y buen funcionamiento de estas fuerzas produce una profunda sensación de bienestar, de placer o goce, activando un sentimiento de contento sin causa, de alegría de vivir.

Es en ese equilibrio, entre la certidumbre del cobijo y la incertidumbre de la aventura, en ese juego de fuerzas complementarias, donde se va a permitir el despliegue de la vida en el niño y, por lo tanto, el desarrollo de un cuerpo-mente sano, que será sumamente valioso para uno mismo y para ir creando una Humanidad mejor.

Permite que comparta contigo un pensamiento de uno de los grandes representantes de la *etología humana*, Boris Cyrulnik: «Así como para hacer un nudo es necesario unir dos hilos opuestos, para tejer un vínculo hay que solidarizar dos exigencias antagónicas: la seguridad y la exploración».

No es de extrañar que en todo este proceso de desarrollo y dependencia que dura hasta el tiempo de la pubertad, surjan, como te decía antes, carencias y traumas. Ambos impiden que estas dos fuerzas trabajen conjuntamente, lo que genera serias dificultades en el niño para el despliegue de sus capacidades, dejándolas en un estado de dificultad adaptativa.

La carencia, como indica la propia palabra, implica estar privado o en falta de algo. Igual que un árbol necesita estar bien plantado, protegido y cuidado para poder crecer adecuadamente, los niños necesitan de un entorno protector y benefactor que pueda atender sus necesidades para su buen desarrollo.

Parece que hubiera ciertos déficits en los niños que han sufrido carencias en su desarrollo, sean físicas, afectivas o mentales. Trabas que les impiden manifestar todo su potencial de vida, como si algo dificultase su natural y particular manifestación. De igual forma ocurre, aunque parezca distinto, cuando hay un exceso de cobijo, de protección, de nutrición, de mal entendida libertad. Estos excesos hacen que el niño se ahogue en estas exageraciones afectivas, que en el fondo son carencias de atención a las auténticas necesidades del niño, normalmente por la proyección de los padres o cuidadores sobre él. Este «afecto toxico» será un elemento demasiado perturbador para su buen desarrollo.

El hecho de que una persona tenga muy marcado un determinado defecto apunta, generalmente, a que sufrió algún déficit o carencia en su desarrollo y cuidado.

Los traumas producen una disrupción en el pulso energético de recogimiento-expansión en el que el niño vive. Si estos son muy fuertes o continuados producirán una alteración energética y una destemplanza emocional, que al no poder ser «digerida» creará una estructura somatoemocional de protección, de alarma, de estrés, cambiando la manera en que el niño siente y está en la vida. De hecho, el trauma no tiene por qué ser producido directamente por las contrariedades, frustraciones, incluso pérdidas que el niño encontrará en su normal desarrollo, ni siquiera por el «dolor» que estas producen; «Dolor no equivale a patología» (Stolorow-Atwood). Lo importante es que el medio en el que el niño vive tenga capacidad de sintonía y de respuestas a su preocupación y destemplanza emocional ante los normales reveses del vivir. Lo ideal sería una temprana reparación, que permitiese recuperar el ambiente de confianza y comunicación, tan necesarias para el establecimiento de un vínculo seguro.

El no poder normalizarlo bien implantará en el campo energético del niño un gesto de protección, de alarma, que una vez cronificado le impedirá vivirse con una cierta paz, confianza y plenitud. Adquiriendo tempranamente la atmósfera emocional de sus padres o cuidadores y tendiendo a la repetición inconsciente de conductas heredadas. Hay muchísimos estudios que corroboran esto, como los casos de niños criados en ambientes violentos que luego ven en la violencia una natural forma de manifestarse en sus vidas.

Es muy importante tener bien claro que da igual las carencias y disrupciones que hayamos padecido, por dolorosas que fuesen; no hay ningún culpable. Sin embargo, todos han sido y todos somos responsables. De hecho, cuando tienes algo o alguien a quien culpabilizar o demonizar, tu desarrollo se despliega bajo la larga sombra de lo que pretendías huir.

No es tarea fácil para padres o cuidadores mantener esa capacidad empática, amorosa y protectora tan necesaria por la absoluta vulnerabilidad y dependencia de los niños. En la época de crianza y educación esta capacidad de cobijo será fundamental, como, asimismo, lo será el ir confiando en la autonomía de ellos, en sus demandas graduales de exploración, totalmente necesarias también para su crecimiento. Equilibrar el cariñoso resguardo con la facilitación de su «libertad» y con la necesaria implantación de límites no será tarea fácil. *Ya que los padres soportamos muy mal la frustración de nuestros hijos.*

Hay que saber mantener un equilibrio entre el ir y venir del niño, que necesita no solo de sentimiento, sino también de mucha dedicación y preparación.

Todas las naciones se tendrían que dar cuenta de la importancia de este tiempo de crianza y educación. Dotar a los padres o cuidadores del tiempo y los recursos necesarios para establecer un vínculo seguro que permita desarrollar seres humanos con capacidad de recogerse y expandirse, de abrazarse en el otro, de abrazar la vida; seres en salud. Esta visión permitiría reducir el cuantioso gasto sanitario que conlleva la atención de las enfermedades y trastornos psicológicos y somáticos que presentan los adultos que han padecido una crianza negligente por una mala dedicación en los primeros tiempos del desarrollo. Además, fomentaría y aumentaría el bienestar infantil, los buenos resultados educativos y la siempre demandada cohesión social. Asimismo, sería la solución más inteligente y natural para tantos países, como los de la vieja Europa, de solventar una tasa de natalidad en decrecimiento continuo. No solo hablar, hay que actuar.

Lo contrario implicará tener seres humanos que, experimentando continuadas carencias y/o padeciendo traumas severos o repetidos, vivirán en estrés o privación. Cuando esto se mantiene en el tiempo; *tendremos seres que sufren y que, por lo tanto, inequívocamente, se harán daño y harán daño*.

La atención es determinante en ese tiempo de crianza y educación, a fin de que los niños sientan la presencia de los padres y cuidadores. Estos, al estar cercanos y atentos, pueden entender mejor las características e idiosincrasia de cada niño. «Observar mucho corregir poco», sería una buena guía. Lo contrario, la desatención y las correcciones excesivas y bruscas terminan dañando algo tan tierno y frágil.

Voy a compartir contigo una experiencia que «dibuja» bien lo que es un vínculo seguro, es decir, un buen equilibrio entre el cobijo y la aventura.

Estaba hace unos años pasando unos días (ya a finales de verano) junto a mi pareja Pilar en la fantástica isla de Menorca. Estábamos en una de sus preciosas calas. Era un día soleado, el mar cristalino y casi en calma. Era un poco antes de la hora de comer. Descansando en la arena, sintiendo esa maravillosa naturaleza Balear, de pronto me di cuenta de que delante de mí, con una cierta distancia de separación entre ellos, había tres padres con sus respectivos hijos, de no más de tres o cuatro años. La escena me llamó mucho la atención, ya no había mucha gente, la mayoría se marchaba a comer a un chiringuito muy cercano a la playa. Observando, fui testigo de tres tipos distintos de relación o vínculo. El primer padre estaba muy cerca de su hija, pero con la atención volcada en una conversación telefónica, en la que hablaba (más bien gritaba) respecto a algo no precisamente agradable que habría pasado días atrás. La niña jugaba sentada en la orilla. Cada vez que las pequeñas olas le hacían perder el equilibrio ella buscaba la mirada del padre y no la encontraba, pues él continuaba distraído y sumergido en su conversación telefónica. Menos mal que el mar estaba casi en calma, y la niña sencillamente seguía jugando en la playa con la arena, después, eso sí, de algún pequeño revolcón.

El segundo padre estaba con su hijo de pie en la orilla, cogidos de la mano, el niño quería jugar con el suave oleaje, pero el padre lo reprendía diciéndole que no, y manteniéndolo bien agarrado de su mano. Aparentemente más preocupado por algo desagradable que él pensaba que podría pasar (quizás por alguna experiencia en su propio pasado, que le proyectaba así hacia el futuro) que por las ganas de juego y de aventura que demandaba su hijo. Al niño se le veía la verdad algo contrariado.

El tercer padre estaba también en la orilla junto a su hijo. Lo veía jugar, mirándolo, pero «dejándole hacer», el niño exploraba, jugaba, reía... en fin, disfrutaba, pero sabía y sentía que su padre estaba ahí, observando, acompañando. Dándole su autonomía, pero cercano a él, por si surgiese cualquier imprevisto. Solo este tercer padre ofrecía en las mismas circunstancias un vínculo seguro. Los otros dos parecían estar distraídos, el primero con un suceso pasado, que le tenía atento al teléfono y el segundo atento a su preocupación en su temor anticipado por lo que pudiera pasar en vez de ocuparse del juego y necesidades de su hijo.

Es verdad que detallo un solo momento y me aventuro a clasificar el tipo de vínculo de aquellos padres, algo que se escapa a mis posibilidades porque eran personas totalmente desconocidas para mí, pero en esos instantes se podía intuir el tipo de relación cobijo-aventura que estos trasmitían, por lo menos en esas circunstancias concretas, a sus hijos. Asimismo, se percibía con bastante nitidez el diferente grado de atención que cada uno tenía, en los acontecimientos que se suceden en el presente, en el tan nombrado «aquí y ahora».

4

Distracción
y escenarios
del conocer

omúnmente se dice que alguien está distraído,
cuando no atiende, no se entera de aquello que está
aconteciendo y que reclamaría su Conocer. En el lenguaje
popular: «dícese de la persona que habla u obra sin darse
cuenta cabal de sus palabras o actos y de lo que acontece
a su alrededor».

Pero como apuntábamos en el primer capítulo, la
Atención siempre Es. Está, por así decirlo, «Abierta con-
tinuamente», en los distintos niveles y en las distintas formas de manifestación de la Vida.

Cuando decimos que alguien está distraído, sería
mejor decir, que el dinamismo de su Conocer no está
donde nosotros pensamos que debería estar. Y, en esta

experiencia humana, entendemos que es en nuestro quehacer cotidiano. Es decir, cuando estamos despiertos en
nuestro día a día en nuestras labores concretas; lo que comúnmente se entiende como tiempo de vigilia.

Sería bueno preguntarse qué nos distrae y dónde nos
«lleva» esa distracción.

Esto nos va a llevar a entender mejor los distintos
escenarios del Conocer o de Consciencia, también deno-
minados en distintas referencias como «estados de conciencia». Aunque en castellano, esta palabra tiene una
connotación más ética o moralista. Muchas veces, nos encontraremos con escritos en los que se utiliza la palabra
conciencia en vez de Consciencia. Ocurre muy a menudo
en textos traducidos del inglés, que nosotros respetare-
mos cuando sean citados. Si bien las palabras *consciouness*
y *awareness* son distintas —una se refiere a ser consciente
de algo, la otra a ser conscientes sin más— ambas muchas
veces se traducen al castellano como 'conciencia' y ninguna de las dos tiene carácter moralista. En algunos manuales, los llamados estados de conciencia, también aparecen como «estados de la mente», pero veremos que es
más esclarecedor comprender a qué escenarios o ámbitos
del Todo, está el Conocer, es decir, la Consciencia alumbrando. Así que cuando utilicemos la palabra estado, será
como escenario o dimensión de la que somos conscientes.

Con ello también trataremos de entender cómo estos estados pueden aparecer enlazados o integrados ar-
moniosamente tal y como las prácticas de autoindagación

o meditación favorecen. Y, también, cuándo aparecen alterados, solapados desorganizadamente, como en algunas experiencias con la ingesta de drogas, en algunas patologías mentales o en algunas respuestas extemporáneas.

Se reconocen, fundamentalmente, tres escenarios o estados, a los que se asocia o alumbra el Conocer, con sus diversas variaciones, a saber: estado de vigilia, estado de sueños, estado de sueño profundo. El estado de vigilia es también denominado estado de Consciencia diurno, y los otros dos, entran en el denominado estado de Consciencia nocturno. Clasificándolos respectivamente, en estado onírico (con sueños) y en estado de sueño profundo (llamado también de ausencia de contenidos o de inconsciencia). Esto es admitido en distintos ámbitos de la ciencia en Occidente, y también en diversas tradiciones de Oriente, aunque algunas de estas últimas reconocen varios estados más.

Vigilia. Su nombre viene de vigía o vigilancia, es el estado asociado a cuando estamos despiertos, atendiendo y funcionando en el mundo de nuestro entorno, de hechos y sucesos, es el territorio de la materia-masa. El agente experimentador de este estado está asociado (identificado) con su cuerpo, y con la información que del mundo le llega a través de los sentidos, así como de la interpretación que de ella hace su mente. Podríamos decir que estamos volcados hacia fuera. El mundo aparece determinado por las formas perceptivas y por nuestra respuesta a ellas.

Se trata de un estado asociado (identificado) a la forma, es decir al cuerpo o plano material. En él uno trata de experimentar, de aprehender del contacto con la materia, como de aprender las leyes que la gobiernan. Se le identifica con la mente consciente.

Un ejemplo extremo de este estado son aquellos momentos que requieren de una eficiencia máxima sensoriomotora porque nuestra vida está en peligro. Podría ser ante el ataque de un depredador en una selva o, de manera parecida, en la realización de un deporte de alto riesgo. En estos casos, no es que no surjan pensamientos, es que uno no puede «entretenerse» en seguirlos o atenderlos, los tenemos que dejar pasar, pues la supervivencia nos va en ello. Algunas personas confunden este estado intensificado de vigilia con el de Atención Consciente o Estado de Presencia, por la identificación de la atención en la acción, y la tregua o descanso que esto supone de pensamientos invasivos o indeseados durante la acción intensa. Como hemos visto en el primer capítulo, este estado es una variante de la «atención excelente» donde la gratificación sería nada más y nada menos que nuestra supervivencia. Este estado es más un estado de concentración excluyente, muy delimitado en la acción, en la supervivencia, que un estado ampliamente abierto como el que va «provocando» el estado de Presencia, que es altamente inclusivo.

Estado de sueño con sueños. El agente experimentador se va desconectando de la información que llega del entorno, se repliega (identifica) a la información que viene del *intorno*, que diría Erich Fromm, es decir del mundo interno. La información de los lenguajes de la mente; deseos, emociones, pensamientos, impresiones e imágenes afloran en este estado. Es el territorio de lo sutil o energético. Es en este estado en el que también se producen los llamados sueños espirituales, que son conexiones desde diversos planos de sutilidad con el Alma del individuo durmiente. En nuestros planos de sutilidad, hay una dinámica espacio-tiempo completamente distinta a la que acontece en el plano material. Se sabe por numerosos estudios sobre el sueño, que una larga historia onírica se traduce en minutos, incluso en segundos, en el plano material. A veces, el durmiente puede vivir informaciones que todavía no se han dado aquí, o que no son de aquí. Normalmente cuando esto ocurre, y a su vez es profundamente comprendido, se sabe que surge para producir en el sujeto un recuerdo de Sí, que le facilite su propia comprensión, como el sentido profundo de su hacer en esta existencia. A estos sueños y visiones en algunas tradiciones se los llama «el soplo del Gran Espíritu».

El estado de sueño con sueños no solo nos sucede mientras dormimos, donde ese fluir de información e impulsos aparece de manera involuntaria, sino algunas veces estando despiertos, en la cotidianidad de nuestros normales quehaceres. Nos ensimismamos tanto en un relato mental que nos remite al pasado o nos proyecta hacia el futuro, o también nos quedamos tan impactados por el lenguaje de nuestra mente simbólica que de pronto nos estamos «apagando» y ausentándonos de nuestra vida de vigilia, ocultando entonces parcial o totalmente nuestra percepción del entorno y de la propia condición física. Esta «variedad» es lo que se conoce como «estado de pensamiento sumergido», en el que uno puede estar inmerso en la fantasía involuntaria o en la elaboración imaginativa y creación voluntarias. Se asocia a la mente subconsciente.

En algunas patologías mentales, y en algunas experiencias con drogas, se viven episodios de perturbación perceptiva y activación inconsciente, en los que el mundo sensorial está distorsionado y se mueven antiguas impresiones subjetivas que moran en lo más oculto de nuestra memoria. Podríamos decir que estamos volcados hacia dentro. Hacia un mundo sutil de información, de impulsos, deseos, pensamientos y visiones.

Desde los albores de la Humanidad, se ha dado mucha relevancia al «tiempo de dormir», a la importancia de saber soltarse a ese mundo de sutilidad, autentico pasadizo entre las más altas esferas de nosotros mismos y el mundo material, confiando a él nuestros problemas del plano físico. Qué sabio ese dicho popular: «lo consultaré con la almohada». En determinadas líneas psicológicas como el Psicoanálisis, el recuerdo de los sueños por parte del analizado y la interpretación conjunta con su analista ha formado parte sustancial de la terapia. Y como dijimos, la comprensión del estado onírico ha sido también muy importante en distintas tradiciones desde la antigua

Grecia, al Tíbet, pasando por distintos ámbitos chamánicos de América. Hoy la neurociencia también está muy interesada en la investigación de las llamadas fases del sueño, así como en los llamados sueños lúcidos, como auténticas herramientas para la salud mental.

Estos dos escenarios o estados; de vigilia y de sueño, son los más conocidos. En un tiempo la Atención está más volcada hacia el exterior, hacia nuestro mundo ordinario, y en el otro, hacia el interior, hacia nuestro mundo más sutil. Ambos estados se influyen mutuamente y se alternan, como se alternan el día y la noche. En momentos lo relevante son las formas, las cosas, los hechos, las informaciones sensoriales y sus respuestas, es decir, lo externo. En otros, el mundo de impulsos, emociones, ideas, imágenes, es decir, lo interno. Para el sujeto que sueña o fantasea su mundo aparece tan real como lo es el mundo «físico» para el sujeto en vigilia.

> *Quien está soñando es el mismo yo que cuando despierte desayunará.*
>
> **Ken Wilber**

Lo que es común en vigilia, en sueños nocturnos o diurnos, y en general en todos los estados, es la Consciencia de ellos. Lo que se mantiene estable en nuestras experiencias está del lado de la Consciencia y no de los cambiantes elementos o contenidos experimentados, sean más materiales o sutiles. *El centro de la experiencia es la Consciencia.*

Estado de sueño profundo. El agente experimentador se desconecta del cuerpo y de la mente y se repliega al mundo de «ausencia de contenidos» tanto objetivos como subjetivos, sumergiéndonos en el plano inmanifiesto o causal. Es el territorio de lo Espacioso.

Aquí, uno se olvida de sus roles afectivos, familiares, y sociales, de si es hombre o mujer, de su forma y de su nombre. Este estado se asocia a estados de paz, plenitud y bienaventuranza, pero de los que, normalmente, no somos conscientes. Es un estado asociado a la mente inconsciente. Parece ser que es no solo cuando se produce el descanso de nuestra personalidad o personaje, sino también cuando se generan los profundos procesos de reparación y regeneración biológica. Qué sabia es esa pregunta de los buenos doctores: «¿Qué tal duerme usted?».

Comprendiendo la alternancia de estos tres estados y sus variantes, es más fácil de entender que, ante una información fuertemente significativa, proveniente del exterior o del interior, se produzca una reacción desproporcionada en un individuo (cambio drástico de humor), que le haga parecer un desconocido incluso ante sus más allegados. Teniendo la sensación de ser movido por circunstancias o fuerzas ajenas a él mismo. Ahora lo podemos entender mejor debido a que entramos en escenarios, estados, planos o «mundos» distintos, con códigos diferentes.

Como se dijo antes, en algunas tradiciones orientales como el yoga y la filosofía vedanta aparecen dos ámbitos más del Conocer:

Turiya. Significa literalmente «el cuarto», es un estado donde se acogen, integran y entrelazan los otros tres. Es un estado donde aparece un sujeto cognitivo «estable» asociado a una atmósfera de sentimiento también «estable» de apertura, acogida y confianza. Produciendo una natural y eficiente relación e Inclusividad hacia todo lo que es, a todo lo que «llega» desde fuera, o desde dentro. Completamente distinto de los yos psicológicos de nuestra personalidad, que se despiertan o se apagan según las informaciones perceptivas del exterior y del interior, y que tantas veces se resisten al devenir de la vida con sus constantes cambios.

Este estado de *vivenciación* es al que se refieren los místicos de todas las épocas y tradiciones. Siendo la autoindagación junto a las prácticas de Atención Consciente en sus diversos grados, las provocadoras de tan vasta experiencia y reconocimiento.

El agente experimentador de este estado es estable y real, no cambia. En algunas tradiciones se refieren a Él como el Testigo Puro, el Centro Perceptor, el Veedor, el Rostro Original, el Último Conocedor, el Yo Soy.

Se habla de algo indescriptible, que sitúa a ese Conocedor estable, al Sujeto verdadero, en el continuo y eterno Presente, libre de todo influjo mental. *El Conocedor se reconoce Conociendo.*

He escogido algunas citas referentes a este estado (respetando su traducción del inglés), que nos sitúan más allá de nuestros parámetros habituales, pero que pueden ser maravillosos indicadores.

Mandukya Upanishad: «No con la conciencia tornada hacia dentro (soñando... ideando), no con la conciencia tornada hacia afuera (vigilia), no con la conciencia alternando en ambas direcciones, no una masa de conciencia profunda (sueño sin sueños), ni consciente ni inconsciente. *Turiya* es invisible, inviolable, sin signos, su esencia descansa en el Ser único, en la quietud de la proliferación creadora, pacífico, auspicioso, bondadoso, sin dualidad».

Shiva Sutras (texto fundamental del tantrismo de Cachemira): «*Turiya* es la omnipresencia de la conciencia testigo, que integra y unifica los otros tres estados. Es el Yo verdadero, el Conocedor, el inmortal Atman, el permanente Yo que atestigua nuestros cambiantes yos».

Garab Dorge (gran maestro de la tradición Dzogchen): «*Rigpa* es para el budismo tibetano el equivalente a *Turiya*. Es el estado en el cual las diferencias se anulan. Vigilia-sueño, meditación-no meditación, luz-vacuidad, Ser-no Ser dejan de experimentarse como opuestos, separados o contradictorios. Aunque parezca el más alto y lejano grado, es lo más íntimo, cercano, natural. No conceptual, más allá de la reificación e identificación. La Realidad, La Espaciosidad, con todo su desnudo esplendor llena de Amor».

Cayetano Arroyo: «Sí, este viento de otoño que mueve mis palabras se irá, también se irán estos árboles, esas piedras cambiarán, y las estrellas de los cielos habrán andado un poco. Pero mi Corazón no pasará, ni pasará mi Amor por mis hermanos los seres humanos, hasta que cada uno de ellos esté en MÍ como yo estoy en ellos».

Hay algunas escuelas como el vedanta que hablan aún de un quinto estado, **turiyatita** –más allá del cuarto–, la Unidad Suprema, estado de profundísima comprensión y sentimiento, como diría el Maestro Nisargadatta: «Lo Supremo. Es un estado espontáneo, sin nombre, sin contenido, sin esfuerzo y que está más allá del ser y del no ser».

También en algunas escuelas budistas como la de Nagarjuna, con su concepto de *Shunyata*, «la Vacuidad Verdadera» o «alteridad radical» se habla de un estado de claridad o comprensión máximo. Que no significa que las cosas no existen, sino que existen, pero son mutuamente interdependientes y, por lo tanto, no tienen existencia aislada o en sí mismas. Un concepto que supera la dicotomía *samsara* y *nirvana* (forma y vacío).

En algunas tradiciones orientales se nombran dos estados más, que son como una secuenciación de apertura natural hacia lo que se denomina lo Supremo o Consciencia de Unidad.

Una Consciencia abarcante. Conocedor, Conocimiento y Conocido no son diferentes, es decir tienen la misma identidad. El Todo Uno, La Totalidad Misma.

En algunos de sus cuadros, Cayetano Arroyo dibujaba a la forma humana conectada, siendo asimismo todas las formas y el fondo que las sostiene. También a la hora de titular sus libros, hablaba de su visión y de su sentimiento; su segundo libro se titula *Yo soy tú mismo*.

Algunos científicos se han acercado a esta visión de la Vida tanto a nivel macrocósmico como microcósmico, accediendo a un modelo entrelazado, interpenetrado de sistemas o estados. Leibniz, uno de los precursores de la termodinámica, en su concepto de relativismo y multiplicidad, concibe el Universo de forma simbólica, esto es: «como un sistema holístico compuesto de diversos sistemas parciales, que se expresan mediante principios que son en sí técnicamente distintos y propios de cada subsistema, pero formalmente equipolentes (equivalentes) entre sí». Es un modelo para acercarnos al conocimiento y la descripción de la Naturaleza o Totalidad.

Los místicos y los científicos, aunque con herramientas y caminos distintos, van profundizando y penetrando en los campos de información de la existencia, y llegan a conclusiones semejantes: nada ni nadie está aislado o separado en este universo manifiesto. ¿Y por qué aún la mayoría de los seres humanos no acceden a esa comprensión-sentimiento de místicos y científicos? Porque esto viene determinado por su nivel de evolución-vibración. Y este estará definido por las gafas (mapas) con las que miramos y sentimos el mundo. Estas se van «graduando» con nuestras tempranas experiencias somato-emocionales, así como por nuestras creencias y valores adquiridos en nuestro contexto de vida.

5

Tres grandes mentiras que se han vuelto verdades

¿Alguna vez te has planteado si hay en ti ciertas directrices más o menos ocultas que hacen que percibas y actúes en la vida de la manera en que lo haces?

¿Qué pasaría si tuviésemos unos mapas de la realidad, muy equivocados, falseados o distorsionados?

Imagínate que llegásemos a una ciudad nueva y en nuestro alojamiento encontrásemos un mapa de dicha ciudad y confiadamente lo cogiésemos sin saber que es un mapa antiguo, descatalogado, que se editó con muchos errores y que alguien, vamos a pensar que descuidadamente, ha dejado allí. Con él, salimos a la calle buscando los principales parques, barrios con encanto, mercados populares, monumentos, museos, calles y avenidas importantes, en fin, los lugares de interés, sin saber que se trata de un mapa lleno de errores e inexactitudes.

Lo normal que nos ocurriría sería sentirnos perdidos, confusos, frustrados, desconcertados, hasta que nos diésemos cuenta de que el mapa estaba equivocado, plagado de falsas indicaciones.

Los dirigentes nazis (Goebbles) pensaban que «una mentira mil veces repetida se transforma en verdad».

Nosotros, una vez «alojados» en esta experiencia de vida, recibimos unos mapas (comportamientos, creencias, valores) de nuestro mundo familiar, educativo y cultural, lo que hemos denominado tradición, que suelen ser solo revisados cuando aparecen la frustración y el sufrimiento en nuestra vida. Este es el papel revelador de nuestras crisis. Ese es su sentido oculto, permitirnos salir de ciertos automatismos y paradigmas, que hasta entonces habían guiado mecánica y dolorosamente nuestras vidas. Es entonces cuando empezamos a cuestionar nuestras creencias y nuestros códigos de conducta.

Vamos a revisar tres de estos mapas o profundos marcos de referencia, que están tan introyectados —encarnados— en nosotros que solo circunstancias muy impactantes y perturbadoras harán que «nos demos cuenta» de que quizás tengamos que revisar determinados supuestos totalmente asumidos en nuestra vida.

Ya que como muy bien decía el filósofo Alfred Korzibsky: «el mapa no es el territorio».

En la mayoría de los seres humanos se aceptan de una manera más o menos consciente las siguientes tres mentiras. Tres mentiras que de tanto creerlas y asumirlas se han vuelto «verdades». Aunque las numero, surgen casi simultáneamente, son interdependientes y se retroalimentan entre sí.

1. Soy un cuerpo separado.
2. Mi identidad está en mi actividad mental.
3. Cuanto más mejor (el deseo insaciable).

Son tres grandes «errores» que nos sumergen en un falso conocimiento sobre nosotros y sobre la vida misma. En consecuencia, en un gran aturdimiento y confusión, en definitiva, en un círculo de ignorancia. Es sobre estos «cimientos» donde se construye el ego o yo separado.

Primera mentira: Soy un cuerpo separado.

En nuestro mundo se asume que uno es este cuerpo, mi cuerpo, de tal manera que se produce una idea más o menos elaborada de que mi cuerpo es un ente (algo existente) desconectado del campo de donde surge, de la propia vida y de los demás entes. Yo creo ser esta forma que se reconoce en el espejo aparentemente aislada, que pasa por aquí unos determinados años viviendo, envejeciendo y muriendo.

Veamos: en la Existencia de formas manifiestas no existe nada aislado, es decir, no hay nada que no sea el

Todo también. En el Universo, desde lo más grande a lo más pequeño, todo está en interacción, en relación. La aparente pluralidad de entes individuales separados es una ilusión, que de ser tan asumida nos parece real y verdadera. Nuestro cuerpo es una forma de vida dentro de este Universo, pero no existe un cuerpo separado (tu propio cuerpo es una agrupación de entes), sino conectado, profundamente en dependencia y en comunión con todo el Todo.

Si hablásemos con un físico —los descubrimientos científicos se acercan cada vez más a los de los místicos—, da igual que sea un científico que observa las estrellas o las partículas, nos diría que en este mundo fenoménico no existe nada separado, nada; evidentemente eso es válido también para nuestro cuerpo. Es más, nos diría que los «materiales de construcción» son los mismos para un cuerpo físico humano o animal que para un planeta cercano o lejano.

Nuestro cuerpo está «apoyado», «flotando», «entrelazado» en un sinfín de fuerzas densas y sutiles. Algunas tan evidentes como la corteza terrestre y la atmósfera, otras más sutiles como el campo gravitatorio, la luz solar, la radiación estelar, nuestra línea de manifestación, etc.

La propia energía que anima al cuerpo está conectada con la energía que anima todas las cosas. No hay un cuerpo aislado de la vida. Él es posible por la interconexión de distintas energías que convergen creando agrupaciones, formas, como la forma del ser humano.

De la interacción de dos fuerzas y células (gametos), el óvulo y el espermatozoide, se produce una «nueva» primera célula (ente). Después la reproducción de billones de células que conforman nuestro cuerpo. Estas están interactuando con fuerzas aparentemente «externas» pero que están entrelazadas con nuestra corporeidad. Lo que vemos como materia es solo la densificación de distintos campos de energía que percibimos como vitalidad esencial; ya lo dijo Einstein.

Viene la gran pregunta: ¿tienes o eres un cuerpo? Dónde sitúas tú tu identidad es crucial, ya que te abre o te cierra a un umbral de profunda conexión. ¿Tú cómo te vives?, ¿como una extensión de la Vida Misma o como un cuerpo ajeno al mundo que te penetra y rodea? Según sea el sentir de tu respuesta, te va a hacer vivir abierto a recibir la vida, permeable a ella, donde tu piel es una membrana de comunicación y no una frontera, o por el contrario si te vives más o menos cerrado, dándole tu identidad al cuerpo, crearás la necesidad de una cierta coraza de aislamiento hacia lo que percibes como ajeno, coraza de protección caracterológica, como resaltaba en sus enseñanzas uno de mis Maestros, el doctor John Pierrakos.

Este gesto o coraza energética perpetúa en tu sentir tu condición de separado, alimentando una narrativa mental afín a esa vibración. Sabemos que las continuadas carencias o fuertes traumas en nuestro desarrollo van construyendo una coraza de protección, pero solo se puede asentar y cronificar si tú te percibes como un cuerpo separado.

La mentira asumida ha creado una verdad para ti, y te percibes ajeno a la vida misma, sintiéndote como un extraño, creando confusión, sufrimiento y ocultándote, despistándote, de tu amplia naturaleza, de Ti Mismo.

Uno percibe y actúa en la vida de acuerdo a una sensación sentida, que resuena a nivel vital y emocional en el cuerpo, que se retroalimenta con nuestros relatos mentales afines a esa misma vibración.

Si has asumido esta primera mentira ya como verdad, llevarás un gesto en el campo vital y emocional que penetra y rodea al cuerpo, de constricción, típico de percibirte y de representarte separado. Ese gesto es muy parecido en lo fundamental, vayas de víctima o de victimario.

No ha ayudado mucho, desde luego, la visión que determinadas religiones tienen del cuerpo como algo impuro o pecaminoso. Esto no ha hecho más que aumentar la herida de la separación.

Tampoco algunas tradiciones «espirituales» que proclaman que tú no eres este cuerpo, como negándolo o convirtiéndolo en una simple ilusión. Con razón me dirás que cuando te duele el cuerpo, tú eres consciente de tu dolor y no tu vecino, es verdad, de acuerdo. Que cuando tu cuerpo está agitado, inquieto, eres tú quien percibe esas sensaciones y no otro, es así, sí. Pero por todo ello sacar la conclusión de que tu cuerpo «vive» aislado sería una conclusión totalmente incierta, un enorme error. Ambas visiones del cuerpo, como origen de lo impuro o como una ficción, lo que han hecho es crear más confusión y dolor. Enajenándote del cuerpo, y a este de la Vida.

De lo que muchos Sabios y Sabias han dado testimonio es de que cuando tú profundizas en ti mismo, entrando por la puerta de este bendito instrumento de vida que es tu cuerpo, lo que experimentas es que el cuerpo no está separado de nada. De hecho, está en conexión con planos de sutilidad que lo sostienen y «alimentan».

Recuerda, lo que no existe es un cuerpo separado. Efectivamente, tienes un cuerpo, que se ve como masa o materia en un plano, pero recuerda que Eres Más. El darte cuenta de la no separación de tu cuerpo de la Vida misma te ayudará a no cargarle con tu identidad. Descubrirlo es el comienzo del viaje interior.

Tu cuerpo es como una célula del cuerpo llamado Humanidad, y el campo de energía que lo anima, soporte de las partículas subatómicas que lo conforman, es el campo humano de energía, que es a su vez uno con el Campo Universal de Energía. Esto lo saben hoy los científicos que observan las estrellas con sus potentes telescopios, o los que observan la materia con sus potentes microscopios. Pero también lo sabían en Oriente seres como el Buda o en Occidente sabios como Demócrito de Abdera, ambos, a través de sus prácticas de observación y autoindagación.

Si te has «tragado» ya esta gran mentira, padecerás sus síntomas. Sentirás la herida de la separación, tu distanciamiento, tu desconexión con los otros y con la

Naturaleza. Tu gesto corporal en general y tus cavidades corporales en particular estarán constreñidos, perdiendo su pulso u onda de relación necesaria para la buena vida. La primera gran mentira asumida como verdad está cumpliendo su función.

Segunda mentira: Mi Identidad está en mi actividad mental.

Identidad, del latín: *identitas*. Significa lo que permanece idéntico.

Actividad, del latín: *activitas*. Indica acto de hacer o cambiar algo, movimiento hacia...

Vemos así a la dimensión mental, como antes hemos visto al cuerpo, a nuestra forma material.

La mente sería el sistema operativo que nos permite manejarnos lo mejor posible en esta experiencia de vida, y también la dinámica que procesa nuestros propios interrogantes para tratar de entenderla. Utilizando la analogía, la mente sería como las gafas con las que miramos la vida.

Entendemos, pues, por actividad mental, todo el movimiento que acontece en nuestro interior y que nos permite tener la capacidad de percibir información, procesarla, clasificarla, y generar respuestas. Incluye tanto las percepciones (internas y externas), los impulsos o movimientos emocionales, como las informaciones, opiniones, impresiones y representaciones mentales hacia los objetos de relación que tenemos en nuestra vida.

Entendiendo por objeto cualquier forma material (cosa, lugar, persona, etc.) y cualquier forma sutil (percepción, sensación, emoción, pensamiento, imagen). Hasta para pensar en la Nada, habrá que hacer de esta un objeto de ideación.

Te han hecho creer que tu parloteo mental, tu diálogo interior, esa verbalización –por cierto, tan utilitaria– que en el ser humano recoge y «traduce» las fuerzas adaptativas del vivir, y también las grandes preguntas que uno se hace respecto a la vida y a la existencia, eres tú. No, no es así, las tienes Tú, suceden en Ti, pero no eres Tú. Acontecen en Ti interrelacionándose, tanto el dinamismo de tu mente superficial más cercana a tu cuerpo y a tu personalidad como las preguntas e indagaciones de tu mente profunda más cercana a tu origen.

Lo que se denomina actividad mental está fundamentalmente avivada por el movimiento de nuestra mente superficial o inferior. Ella está asociada a las necesidades de nuestro cuerpo, (supervivencia, transmisión genética) también con nuestras demandas sensitivas y emocionales de relación, es el territorio del deseo y los objetos. Es la mente que trata de poder desarrollar adecuadamente nuestras capacidades adaptativas para vivir. Es una mente claramente divisiva, que se mueve entre opuestos, vida-muerte, placer-dolor, bienestar-malestar, éxito-fracaso. Podríamos decir de esta actividad que «salta» de objeto a objeto, tanto materiales, como mentales, ya que está tratando de conseguir lo que busca: primero, preservar la propia vida; segundo, sentir la satisfacción de vivirla; y tercero, darnos un lugar, puesto o posición desde donde vivir adecuadamente. Además, esta actividad mental recoge las ideas de representación que tenemos de nosotros, con las que vamos elaborando nuestro yo individual separado. A todo este movimiento, y a la idea que genera en nosotros mismos, es a lo que comúnmente llamamos ego.

Esta actividad mental suele oscilar entre la confusión y la dispersión cuando hay un exceso de estimulación externa o interna. Es entonces cuando la mente nos pesa, nos duele. Por el contrario, se acerca a la eficacia, cuando hay una cierta armonía en nuestro entorno y en nuestro interior, es entonces cuando la mente cumple su función de ser una herramienta útil y práctica para vivir.

No toda la actividad mental tiene esa dirección. Como hemos dicho antes, también nuestra actividad mental está impulsada por la mente denominada profunda o superior. Ella trata de entender mejor esta realidad, y también de cuidarla; se hace preguntas, mira con detenimiento e intensidad a nuestra vida y a la Vida misma, relacionándose con la Existencia de una manera más profunda y sutil. Es una mente ya no tan movida o dinamizada por los normales movimientos instintivos y emocionales de la mente superficial, es más calmada y abierta, y permite que la luz de la Atención alumbre mejor la Existencia. Es una herramienta maravillosa para la reflexión, el estudio, el análisis, la indagación, la intuición. Es una mente altamente inteligente, con una gran capacidad de concentración, contemplación y discernimiento. Muy activa en el mundo de la investigación, la filosofía y el desarrollo espiritual.

Ambas, mente superficial y mente profunda, son partes de la mente, son dos lenguajes de «ella». La primera más cercana a nuestro plano físico y emotivo y la segunda es tangencial con la propia inteligencia. De la misma manera que el sistema óseo y el sistema nervioso, formando los dos partes del cuerpo humano son muy distintos, el primero es de una solidez material impresionante y el segundo es de una sutilidad y delicadeza extraordinaria.

Toda la actividad mental-emocional, de la mente más superficial, se nutre fundamentalmente de tu percepción. De la capacidad que tus «lectores» perceptivos-sensoriales (órganos de los sentidos) pueden captar de la vida, además recibe toda la información de tu propiocepción –percepción de lo propio–, y de la contrastación de todo esto con tu depósito de memoria. Asimismo, percibe el influjo de tu fondo inconsciente, tanto biológico como psicológico.

Todo esto afecta a tu manera de percibir, sentir, pensar, así como a tus respuestas (externas e internas), o sea, a tu forma de actuar y de ir aprendiendo. Hasta aquí parecido –solo parecido– a cómo se comportan y evolucionan muchos mamíferos.

En mi perro Yang, en muchos mamíferos y en diversos seres vivientes, están despiertas también, de manera parecida, las fuerzas adaptativas de la vida, impulsoras de gran parte de la actividad mental de la mente superficial.

Mi perro Yang necesita seguridad, poder nutrirse, gratificarse sensitiva y sensorialmente, buscar una buena posición desde donde relacionarse e investigar su entorno. En un nivel un poco más desarrollado, es selectivo a la hora de generar sus vínculos y afectos, le gusta aprender. Hasta aquí, como tú y como yo.

Pero el ser humano traduce estas necesidades vitales-emocionales y referenciales en palabra, en relatos, en diálogo, que van construyendo una narrativa y un narrador. Un diálogo interno, que «piensa» en la mejor forma para que sus fuerzas adaptativas tengan éxito. Esa es la función principal de nuestra mente superficial y utilitaria. Esa dinámica de actividad mental, de incesante parloteo, según sus condicionamientos va construyendo, junto con la mirada y opinión de los otros, una representación de lo que creo ser, de lo que anhelo ser (estos dos conceptos se retroalimentan), y que llego a confundir con lo que realmente Soy.

Nuestras capacidades adaptativas nos hablan, nos gritan. Asimismo, en forma de voz interior, se manifiestan nuestros propios interrogantes. Aparece en nosotros el narrador interno, de manera que la vida además de ser vivida como ocurre en los animales, en el ser humano puede ser evocada, imaginada y contada. Esto nos abre a un mundo de relatos y representaciones cuyo mero recuerdo o proyección puede tranquilizarnos o angustiarnos. Podemos ver nuestra vida como una película, donde lo importante no es tanto lo que nos sucedió o sucede, sino la narración y el marco narrativo de esta.

Dependiendo de nuestras etapas de vida, de las facilidades o dificultades de realización de nuestras fuerzas adaptativas y de la idea que tengamos de nosotros mismos, pronto empezamos a construir el guion y el personaje —de personalidad— de nuestro vivir. Todo se conceptualiza, las interacciones con los demás, con la naturaleza que nos rodea, con nuestro cuerpo e imagen, la vida es relatada, narrada «dentro de nuestra cabeza».

Todo empieza a poder ser traducido en palabras e imágenes, a poder ser revisado o imaginado, con todas las consecuencias que esto conlleva. Nuestro cerebro se «activa», sin distinción, ante informaciones reales o imaginadas y contadas en nuestro interior. Pero también podemos confundir la información y opinión que transcurre por nuestra mente, con nuestra verdadera Identidad (lo que permanece idéntico) esto dará un exceso de protagonismo, una carga extra, a nuestra mente.

Estamos llenos de ideas, de conceptos y representaciones que empiezan a determinar nuestros movimientos, externos e internos, con los que tratamos de manifestar lo que sentimos y pensamos, con la intención de comunicarnos. Esa es la función de la mente y no nuestra identidad.

Hemos llenado nuestro mundo de datos «heredados» del entorno familiar, educativo, geográfico y cultural de nuestro tiempo. También de nuestras primeras experiencias en ese entorno en que «aparecemos» y nos desarrollamos. A todo eso —como se dijo antes— lo llamamos nuestra tradición. No solo nos condiciona nuestra forma y la capacidad de nuestros sentidos, que nos sumergen en un determinado nivel o franja de percepción y actuación de vida, además, nos condiciona cómo nos contaron y nos contamos nuestra vida y la Vida.

Las informaciones sensoriales, nuestros cambios sensitivos y emocionales, nuestras comprensiones, incluso nuestros actos, son traducidos en una narrativa que hace de todo información e opinión. Todo se vuelve más lengua que lenguaje. Esto va a tener una magnífica función evolutiva que es transmitir nuestras experiencias y conclusiones de vida. Podemos volver atrás, revisar y tomar datos para planificar y proyectar una actuación mejor en el futuro, podemos contar nuestras experiencias y transmitir nuestras elaboraciones y predicciones, así se han ido desarrollando las diversas ciencias humanas y nuestra propia forma de aprender.

Generando no solo un Inconsciente colectivo, sino una Historia transmitida, compartida, que ayudará a fortalecer el sentimiento de Humanidad. Esta, en última instancia, será el horizonte de esa altísima capacidad evolutiva en la forma humana que es la narración, la palabra. Sin la lengua no existiría la comunicación en forma de Historia, Literatura, Ciencia, etc. No existirían tampoco los conceptos de Tierra, Humanidad, Universo…, que hoy manejamos. Existe para comunicarnos más y mejor, la mente es un instrumento maravilloso, pero no Soy Yo, sucede en Mí, es un prodigioso instrumento evolutivo.

Como apuntábamos antes, toda esa actividad voluntaria e involuntaria, acontece en mí. Es una manera «acordada» que dinamiza sobre todo a nuestra mente más primaria y utilitaria, en nuestra experiencia de vivir. Eso es así, como un peaje más o menos natural en nuestro tránsito de vida, pero, además, cuando todo «ocurre» más o menos adecuadamente en nuestro desarrollo, esa mente superficial, pero de altísima utilidad, se adapta convenientemente y se presenta como un excelente instrumento para el buen desarrollo de nuestra vida.

Decía Ludwing Wittgenstein: «... cuando los juegos del lenguaje cambian, cambian los conceptos, y con los conceptos, el significado de las palabras».

Nuestra visión de un mundo fragmentario, en el que mi cuerpo y mi personaje son piezas de esa fragmentación, va a ser decisiva en la formación de nuestra mente, en el modo de utilizar el lenguaje, la palabra o discurso. Viéndome a mí mismo, al mundo y sus objetos como conceptos, todo emerge —especialmente para esa mente superficial— totalmente *dualizado:* sujeto y objeto, lo mío y lo otro, lo nuestro y lo de ellos, lo de aquí y lo de allí..., es un costo natural por el que tenemos que pasar, para la conformación de nuestra individualidad diferenciada y el reconocimiento de alteridad, de lo de «fuera», de lo otro. Introduciéndonos, para poder manejarnos adecuadamente en esta vida, en una visión divisiva y dual de la Existencia.

Entonces ya empiezo a vivirme como un concepto o idea, como una representación asumida en la interacción con los otros, como un personaje-protagonista de mi propia narrativa mental.

A esa fabricación, como se dijo, se la ha llamado en diversos ámbitos: ego. Entendiéndolo como una construcción psíquica desde la cual el individuo se reconoce como un yo particular y es consciente de sí mismo, de los otros y lo otro. Esta forma de percibir, de estar en la vida —este ego— está fuertemente apoyada en nuestra corporeidad (separada) y en nuestra historia contada.

No es lo mismo el yo individual que el ego separado. *El ego es una creación del yo individual cuando este se percibe desconectado de su Yo esencial (Yo Soy).* De hecho, la definición del yo, tanto en filosofía como en psicología, como la capacidad de autoconocerse, de percibir la realidad y poder transitar por ella inteligentemente, está más cerca del yo individual que de aquello que comúnmente entendemos por ego.

El ego se retroalimenta en la dinámica de lo que creo ser —y lo que quiero ser— sin percibir lo que Soy. No viendo ni viviendo que cada línea de manifestación tiene sus características particulares, pero es una con la Totalidad Misma. Eso sí lo comprende el yo individual.

El ejemplo de la ola y el océano es una analogía comúnmente utilizada para entender la relación de lo particular con lo Universal. De lo Fenoménico con lo Noumenoménico. Una ola que divisa, que vive su particular «horizonte de experiencias», pero sabiéndose también océano, sería el yo individual integrado. Esa misma ola desconectada de su fondo, del océano, es lo que se llama ego.

El ego es una creación, una ilusión, un anhelo, la idea o ideas que puedas tener sobre ti, no eres Tú, ya que todas las ideas suceden en Ti, llegan a Ti. Es como si la «ola separada» en el ejemplo anterior (el ego), al sentirse sola, aislada, buscase la unión —en algo de fuera— porque no puede sentir que ya está unida al océano. De igual manera el ego buscará esa unión en algo externo. Lo mismo que un ser humano más arcaico buscará a Dios fuera, antes en una imagen o lugar que dentro de sí mismo.

Se sabe lo saludable que es hablar, mentalizar, poner nombre y relato a lo que sentimos que sucede en nuestro interior, en nuestras relaciones, y que tanto afecta a todos los ámbitos de la vida. La mente con sus representaciones te va permitiendo definir, etiquetar, guardar y transmitir tu experiencia de este mundo en el que vives. Sin embargo, será también la mente, en su expresión más elevada —mente profunda o superior—, la que te permitirá ser más reflexivo e inteligente, menos mecánico. Despertará tu capacidad de discernimiento e indagación, te adentrará a recordar y volver a Ti Mismo.

La mente no es «la mala de la película», como a veces uno piensa cuando se mueve en la oscuridad o en la agitación, cuando nos molesta y asusta. Es un instrumento maravilloso, aunque sería más aconsejable llamarla «actividad mental», así se liberaría del peso de la identidad y, con ello, de pensamientos recurrentes y tormentas emocionales que son un signo inequívoco de haber adquirido falsa identidad. «La actividad mental» con sus lenguajes es un alto grado en la evolución del ser humano, pero no eres Tú. Utilízala bien, que es para lo que se desarrolló.

A veces me preguntan mis alumnos que cómo se produjo esa identificación con la función mental. Yo les digo que nosotros lo podemos entender hoy mejor que un ser humano de hace cien años. Reflexionemos juntos. El teléfono móvil lleva con nosotros, a nivel más generalizado, tan solo unos veinticinco años, el teléfono se parece mucho a una mente, pero externa, algunos ya lo llaman así, esto es extensible también a los ordenadores y televisores, ya que utilizan información y opinión, palabras e imágenes, como nuestra mente.

Las personas que han crecido en la época de las pantallas no pueden dejar de mirarlas, quedando hipnotizadas, abducidas por ellas. Como si fuese difícil vivir sin la información, opinión e imágenes que estos terminales generan, tanto a nivel conceptual como visual. Pues imagínate que nuestro habito de mirar y usar tanto esta mente, discursiva, contable, planificadora…, insisto: maravillosamente utilitaria, viene desde el Mesolítico (aproximadamente hace doce mil años, nada más) algunos investigadores piensan que incluso muchísimo antes. Una época hacia un cambio de clima más moderado, en la que el ser humano pasó, por así decirlo, de sobrevivir a querer socializar, planificar y mejorar su vida. Los seres humanos de aquella época empezaron una actividad pionera de lo que hoy llamaríamos ganadería, agricultura, núcleos familiares y sociales, que les permitían «tener tiempo» para cooperar, socializar y programar una mejor vida. También había tiempo para las preguntas siempre larvadas de nuestra mente profunda.

Empezaron a utilizar tanto la mente que se empezó a mezclar el vivir con el pensar la vida. De igual manera que un teléfono móvil o un ordenador no son malos en sí mismos, sino en cómo tú lo utilizas, así nuestra mente es una herramienta maravillosa, con un sinfín de funciones, que nos permite percibir, asociar, admitir, excluir, comparar, ponderar, recordar, proyectar, preguntar, resolver, etc. Es una extraordinaria actividad, que curiosamente necesita del tiempo como aliado para sus cálculos, y te permite entender la diversidad y los ciclos de la propia vida; es un sistema operativo portentoso, que cuanto más se conoce más maravilla a los investigadores. El problema es su uso.

Hoy una persona acostumbrada a mirar y utilizar su móvil casi constantemente −suele atraer mucho a los que son muy mentales− le costaría entender la vida sin ese hábito. El móvil se ha vuelto una extensión o apéndice, pensaría y sentiría la vida vacía sin tales elementos de comunicación. El móvil es una «prótesis» en la que uno se apoya para poder vivir.

Asimismo, al ser humano de hoy le cuesta vivir sin estar todo el día mirando y «hablando con su mente», sumergido en su voz interior, ausente de su momento presente y prisionero del tiempo. La fijación es tan potente que creemos ser nuestra actividad mental. Antiguamente al que sufría esa confusión se le llamaba *mentecato*, que etimológicamente significa: 'aquel que está poseído por su actividad mental'.

Es evidente, que Yo Soy el anfitrión donde todo este movimiento y parloteo mental acontece. Sucede en Mí, como sucede mi respirar, andar, o digerir alimentos.

La actividad mental desprovista de su sobrecarga de falsa identidad se vuelve sumamente operativa y eficiente. Tiende a «revolotear» alrededor de la acción, tratando de arroparnos, de ayudarnos, en cada momento de nuestro vivir. Abriéndose, además, a la inteligencia de nuestra mente profunda o superior.

Poner distancia respecto a nuestra voz interior, ver a la mente como mente, que decía el Buda, nos irá quitando el exceso de energía y de falsa identidad que tanto nos confunde y hace sufrir. Hoy muchas corrientes psicológicas hablan de lo saludable que es el distanciamiento de nuestra mente, de nuestro diálogo interno, de lo importante que es saber mirar la voz interior, nuestro parloteo mental —lo que los budistas tibetanos denominan *sem*— para no sumergirnos precipitadamente en sus ambientes emocionales y primeras directrices.

Recuerdo cuando tuve la suerte de conocer a J. Krishnamurti en Saanen, en la Suiza alemana, él muchas veces nos decía: «mi mente no siempre está encendida, reclamándome, yo la uso, ella no me usa a mí». Confieso que entonces no lo comprendía. Hoy ¡cómo resuenan en mí sus palabras!

Tercera mentira: Cuanto más mejor (el deseo insaciable).

Se suele decir que sin deseo no hay vida, pero que poseído por el deseo, solo hay mala vida.

> *El deseo es condición indispensable y obstáculo total.*
> **El Buda**

La primera gran mentira —soy un cuerpo separado— condiciona tanto nuestro sentir, nos hace menos permeables a la vida, nos sumerge dentro de un gesto de separación, excitando nuestras necesidades fisiológicas y demandas relacionales que terminan transformadas en inmensos deseos y en intensos temores. Es el primer síntoma de que se está construyendo nuestra coraza caracterológica o cuerpo-dolor como magistralmente explica en su obra Eckhart Tolle. La segunda gran mentira —mi identidad está en mi actividad mental— te identifica con el relator también desconectado de tu verdadera esencia, fuertemente afectado por tus creencias y antiguas experiencias; crees ser lo que te cuenta tu mente más superficial, y esto también afecta a tu manera de entender la vida.

Todos entonces nos vivimos desarraigados, como sin percibir nuestro lugar en el mundo, y nos sentimos presos del tiempo, desalojados del «momento presente», fruto

de asumir como verdad las dos primeras grandes mentiras. Veremos que ambas crean una sensación sentida de
carencia, que angustiosamente queremos llenar y que nos
va a llevar hacia el influjo del deseo insaciable.

De hecho, si te «tragas» esta tercera gran mentira
puede ser que con el tiempo te conviertas en un glotón de
deseos y temores.

Vivimos en una sociedad que se denomina obscena-
mente a sí misma «sociedad de consumo». Esta, sabiendo de nuestro vacío, nos dirá en voz alta o baja: tenemos
lo que te falta, lo que tú necesitas, ven toma, consume.
Trasmitiéndonos subliminal, y también explícitamente:
«Cuanto más mejor». Pasen, pasen a la... «invitación a la
codicia».

Cuando uno accede al significado de la palabra codicia, comprende todavía mucho mejor el sentir de tantos
humanos. Codicia = ambición desmesurada, deseo intenso, compulsivo y desmedido.

Esta es la «gasolina» con la que se quiere hacer funcionar a nuestro cuerpo-mente: el deseo insaciable. Fruto
de un agujero o carencia profundamente sentida que tratamos de llenar. Para ello se necesita que las dos anteriores
mentiras se hayan vuelto ya verdades para ti.

Sin ella (la codicia) no se podrían sostener las llamadas sociedades de consumo. Estas necesitan que tú estés convencido de que cuanto más produzcas y consumas serás un mejor y adecuado miembro de la sociedad,
y sentirás que se llena —aunque en verdad solo se alimenta

temporalmente– tu agujero, tu carencia, tu falta. A ese temporal llenado se le llama bienestar, incluso a veces: momentos de felicidad.

¿Que se ofrece en este supermercado de la ambición sin freno?

Veamos. Objetos que poseer, experiencias placenteras de gratificación sensorial, y poder, sobre todo poder. No hay nada que represente mejor a la codicia que el poder desmedido. Por eso todo el mundo quiere dinero, adora al dinero, este es un comodín, ya sea para adquirir bienes materiales y gratificaciones sensoriales o para situarte en la escala de los poderosos. El dinero se ha convertido en el nuevo «becerro de oro» al que adorar.

Evidentemente estos tres impulsos o fuerzas (posesión de objetos, gratificación sensorial, poder) solo se vuelven peligrosos para ti y los demás cuando están fuera de control y medida, es decir, cuando se han vuelto codiciosos. Cuando ya es así, los faros que guiarán tu vida serán tu supervivencia, el placer y el éxito, evidentemente necesarios en el vivir, pero que sobredimensionados te encadenarán en un círculo de dominio físico y egótico del que no es fácil salir.

Como se dijo antes, esta posesión codiciosa es el resultado natural de creerse las otras dos grandes mentiras que producen en nuestra mente más superficial, un aferramiento desmedido hacia los objetos. Buscando en ellos llenar un vacío, una carencia, un asirse a algo, contactar, agarrarse. Esta ansia de posesión o de contacto surge, como ya se dijo en el capítulo sobre el sufrimiento, por desconexión, digamos espiritual, o por mermas y grietas en nuestro desarrollo vital. El placer se volverá la pócima necesaria para calmar la sensación de aislamiento de un cuerpo no permeado con la vida. El éxito será como las condecoraciones que el ego necesita para mostrar su valor y poder.

Los llamados pecados capitales dentro de la tradición cristiana son todos variaciones de uno solo: la codicia.

Curiosamente la etimología de la palabra «pecado» indica errar en el blanco o desviarse del centro, un buscar donde no hallar.

Avaricia, Envidia, Ira, Soberbia, Pereza, Lujuria, Gula. Son exageraciones, perversiones codiciosas, de impulsos, de fuerzas naturales y necesarias para vivir, que no han encontrado su cauce natural de desarrollo. Se han pervertido y convertido en fuerzas perniciosas para uno mismo y para los demás. Estas variaciones de la codicia nos hacen sentirnos en falta, casi siempre hambrientos de algo.

Una sociedad codiciosa es una sociedad temerosa, el temor es la cara oculta de la codicia. Cuando te aferras a algo como si te fuese a dar la luz, la vida o el valor, surge el temor de no poder atraparlo, tenerlo o lograrlo. Esta dinámica genera, pues, seres humanos descentrados, estresados, temerosos, dañados.

Seres que se aíslan, que se predisponen para un vivir en combate o conflicto casi permanente, siendo esto –no deja de ser paradójico– lo más lejano a nuestra propia y profunda Naturaleza (que Es sin conflicto). Nosotros que Somos en relación, en interdependencia con todos y todo.

Sin embargo, sintiéndonos separados, activamos nuestra propia narrativa de separación o pérdida, y esta a su vez intensifica nuestro sentir. Entramos en bucle, en un círculo vicioso. Queremos calmar ese hueco, ese mundo emocional agitado, ese vacío insondable, llenándonos de bienes materiales, experiencias gratificantes y poder.

A ese solo pensar en mí, mis impulsos, necesidades, demandas y deseos, a ese vivir centrovertido, a ese guion de pensarse y sentirse fundamentalmente uno mismo, lo llamamos ego. De ahí la palabra egoísmo. Un yo distanciado, diferenciado, separado y sin empatía. Es el dominio de la mente superficial o inferior más desconectada de su centro.

Para que surja el ego descentrado, desmesurado, uno antes ha tenido que hacer verdad las tres grandes mentiras que acabamos de significar.

Tanto el Buda como Freud pusieron en el deseo colapsado o desmedido la causa del sufrimiento. Diferenciándolo clara y totalmente del deseo creativo, de la motivación impulsora de proyectos y caminos, de la curiosidad natural, del encuentro con el vivir. Freud trató de canalizar adecuadamente el deseo, entendiendo las distintas sendas de disfunción que en él se producen, principalmente originadas según su visión, por las dificultades sufridas en nuestros primeros años de desarrollo.

Muchos psicoanalistas advierten que el sufrimiento adquiere casi siempre una fórmula inequívoca entre mis intensos e incontrolados deseos o ideales y mi principio de realidad.

El Buda apuntaba cómo este deseo (compulsivo, codicioso) nos sumergía en la ignorancia y olvido de Sí y, por lo tanto, en el sufrimiento. Esto a veces se ha entendido muy mal por un acercamiento demasiado superficial a su enseñanza. *La liberación de los deseos no es no tener deseos, sino la ausencia de la compulsión adictiva por satisfacerlos, así como la ausencia de sufrimiento si estos no pueden ser realizados.*

Una vez que estas tres grandes mentiras se vuelven «verdad» en el mapa que guía tu vida, haciéndose parte importante de tu «tradición» heredada y adquirida, lo normal será vivir en separación con la propia Vida, estar atrapado en el tiempo, y vivirte en carencia. Entonces ya estás viviendo en «la prisión del ego». Si tu prisión es muy inhóspita, insufrible, pueden ocurrir dos cosas: que sucumbas allí en una profunda derrota durante un determinado ciclo de tiempo, o que el sufrimiento sea un motor para tu despertar. Si estas en una prisión de «rejas doradas» probablemente ni te sientas normalmente prisionero, solo de vez en cuando, y ese impulso de libertad podrá ser acallado por los propios *souvenires* y distracciones de tu prisión. Todas las escuelas de desarrollo interior tratan de comunicarte que la prisión solo se sostiene por tu propia actitud errática y mecánica de percibirte y percibir la Vida. Todas las prácticas ancestrales tratan de mostrarte que la prisión solo existe en tu cabeza y tu corazón cuando se han desconectado de la Naturaleza. Muchas prácticas terapéuticas tratan de mostrarte la salida de la prisión, o al menos mover las rejas y cambiar el clima que hay en ella. Pero todas, a su manera, tienen como objetivo que te abras a tu Libertad, que te acerques más a Vivirte que a sobrevivir.

6

Vivirse o sobrevivir

Si observamos cómo se desarrolla la vida a nuestro alrededor, si miramos serenamente a los seres con los que la vida hace que nos encontremos, podríamos decir, de una manera resumida y generalizada, que fundamentalmente hay dos tipos de modalidades vivenciales: personas que están viviéndose desde una cierta normalidad, que les permite una buena interacción con la vida y los demás, y personas que están alteradas, bloqueadas o alarmadas, es decir, sobreviviendo.

En las personas que están viviéndose percibes un auténtico gusto de vivir, una natural permeabilidad hacia las palabras o interacciones de los otros, un cierto fondo de tranquilidad y buen raciocinio que les permite construir respuestas personales con buena implicación afectiva y social, más allá de las naturales dificultades con las que tendrán que encararse en esta vida. Las personas que, ya

sea por causas externas o internas, están sobreviviendo
–la mayoría, por desgracia, y también debido al proceso
evolutivo de la Humanidad–, viven sobresaltadas, alteradas, por demasía de excitación o contención emocional,
en un casi continuo estrés que les borra el gusto de vivir.

Estos modos vivenciales, aunque parezcan alternar-
se en la superficie –y lo hacen, ante motivaciones, hechos
o eventos puntuales–, en lo profundo de nosotros son
bastante estables. Todos tenemos una modalidad central
(vivirse o sobrevivir) que da lugar a dos modalidades o niveles de estar en la vida: estar en encuentro con la vida o
estar en lucha hacia la vida.

En esa gran mayoría que sobrevive, podemos diferenciar dos tipos de supervivientes. Están aquellos que
luchan contra un exterior hostil, insolidario, cruel, que
les niega lo más básico, es decir, una nutrición adecuada
y satisfactoria, una casa donde descansar y cobijarse, una
sanidad y educación que los proteja y dé formación, así
como un trabajo digno que los vincule a la sociedad a la
que pertenecen.

Siendo todo esto ¡nada excesivo! Es justo lo necesario y fundamental para poder sentirse medianamente
en paz, crear vínculos estables y ejercer una plena participación social. Esto que consideramos básico, y que a
algunos les puede parecer desmesurado o utópico, son
los «cimientos» necesarios para poder desarrollarnos y
desarrollar sociedades humanas y justas. Quien no puede
acceder a esto ya está en lucha hacia la vida.

Ojalá lo entiendan pronto los políticos, creando cauces de desarrollo adecuado, donde cada ser humano pueda dar a la Vida la riqueza de su particular, de su original, humanidad.

A la otra modalidad de supervivientes corresponden aquellos que están en lucha interiormente, y aunque las circunstancias externas sean más o menos favorables, viven instalados en un modelo de conflicto consigo mismos o con los demás. En este desequilibrio a veces asumen el rol de víctimas o de victimarios. Este modelo de supervivencia se instala frecuentemente en el entorno familiar, educacional y social en nuestros tiempos de crianza y educación, y produce un sistema psicoemocional alterado, en alarma, precisamente, en unos momentos en que este está en construcción. Es en estos supervivientes en los que vamos a poner la Luz de nuestra Atención.

En modo supervivencia, simplemente sobrevives, aunque hay momentos de cierta tranquilidad o tregua, menos mal, que curiosamente son aquellos en los que estás interesado en lo Que Es, en los que se da una cierta atención en tu aquí y ahora. Sin embargo, perdura un esquema muchas veces ya cronificado en tu cuerpo-mente de alarma, de lucha, de protección, es decir, de estrés, que afecta a tu gesto interno (esquema emotivo-muscular) y a tu propia narrativa mental. Ya que cuerpo y mente, como ya sabemos, son una unidad interrelacionada, una misma energía más densa o más sutil.

La palabra estrés (*stress*) es un anglicismo que proviene del participio latino *strictus*. Significa que algo está demasiado acentuado, cargado, marcado, tenso, estricto, angosto.

Para entender qué es lo que está demasiado cargado, en tensión, tenemos que comprender nuestro mundo emocional, que tanto afecta a nuestro cuerpo-mente, ya que al ser parte de los dos, impregna a ambos.

Emoción viene del latín *emotio emotiones*, significa que algo se mueve o se dirige. ¿Qué se mueve? Sin ninguna duda el campo de energía que «alimenta», rodea y penetra a tu cuerpo-mente. Nuestro campo de energía es percibido en nosotros como un trasfondo de sensaciones, que emite una sensación sentida, significativa. Este trasfondo está en un «movimiento estable» y tiene la capacidad de alterarse ante las cambiantes circunstancias del vivir. A esa alteración la llamamos emoción.

Por eso el mundo emocional es tan importante en la salud física y psíquica. La emoción afecta a nuestro gesto corporal, a nuestra fisiología y determina la manera de percibir y actuar en el mundo.

La mayoría de nuestras emociones surgen como capacidades de adaptación biológica a esos continuos cambios que se suceden en la vida. Reaccionamos emocionalmente a informaciones y estímulos tanto procedentes del mundo «externo» como «interno».

Las emociones son muy lineales, objetales, y contienen una gran conexión con nuestra biología, tienen que ver con el movimiento de nuestro campo energético, de nuestra vitalidad primordial. Por eso se las ve como nexo de unión entre el cuerpo y la mente (sobre todo de la mente más superficial).

Cuando sentimos una emoción, lo que percibimos es el impulso, la velocidad de apertura o cierre y de acercamiento o alejamiento respecto a un objeto, entendiendo por objeto, como ya se dijo, cualquier persona, cosa, información, pensamiento, estímulo, lugar, circunstancia, etc., que irrumpe en nuestro Conocer. Esa capacidad de pulsar de nuestro campo energético, de encogerse y ampliarse, de acercarse a contactar o alejarse y apartarse del objeto, esa alternancia, que producen las emociones, es un síntoma de salud de nuestro cuerpo-mente.

Todas las emociones las podríamos «calibrar» de acuerdo a estos parámetros energéticos. Veamos por ejemplo cuatro de las más primarias o principales: alegría, enfado, miedo y tristeza. Aunque con pequeñas variaciones, estos gestos o respuestas emocionales son reconocibles en la mayoría de los seres humanos.

Alegría. Es una respuesta de excitación, de apertura de nuestro campo energético, de nuestro sentir y de nuestro gesto corporal (claramente visible en el rostro) respecto a un objeto. Es una evidente manera de demostrar nuestra buena disposición de relacionarnos ante el objeto percibido.

Enfado. Es una respuesta también de excitación de nuestra vitalidad primordial, un «plus» de energía para relacionarnos con un objeto, nuestro cuerpo-mente sopesa que es necesaria más energía a la hora de relacionarse con ese objeto para mostrar un cierto rechazo. En sí no es malo, es una respuesta de adaptación biológica. Cronificado por excitación o contención fácilmente puede derivar en ira, cólera y finalmente en violencia.

Miedo. Es un movimiento de contención, de cierre brusco y alejamiento de nuestro campo energético, de nuestro sentir, de nuestro gesto, respecto a un objeto. Su función es protegernos de algo real o imaginario. Sin el miedo, al ser humano como especie le habría sido muy difícil evolucionar ante otros depredadores. Sentir miedo es, pues, algo natural. El temor es el miedo arraigado que ya no responde ante un peligro real, más bien es una manera de vivir, que tiende a volverse habitual, y de clara naturaleza psicológica.

Tristeza. Es una contención, una retracción suave, pero persistente, de nuestro campo energético, de nuestro sentir y de nuestro gesto, respecto a un objeto. Es totalmente adecuado ante una pérdida o desconsuelo por cualquier circunstancia dolorosa, es una manera de «metabolizar», de asimilar, el impacto de una mala noticia. Cuando la tristeza se cronifica como una forma de vida, es fácil estar llamando a la amargura, al abatimiento, a la depresión, lo que en lugar de protegernos recogiéndonos —que es la función primordial de la tristeza— consigue justo lo contrario: enfermarnos.

Y así podríamos comprender la dinámica de cualquier otra emoción.

Como hemos dicho anteriormente, las emociones son reacciones de nuestra pulsación natural ante determinados estímulos, externos e internos, bien por su propia magnitud y origen, o bien por su significación. Son resultado de nuestro propio proceso biológico evolutivo para afrontar mejor lo retos del vivir. Por eso es absurdo hablar de emociones malas o buenas, todas cumplen su función para la protección del campo energético que alimenta y anima nuestro cuerpo.

El problema surge cuando algo que normalmente debería ser puntual u ocasional se convierte en habitual y reiterativo, creándose un círculo recurrente de activación emocional. Viviendo en una especie de excitación e hipertonía o de retraimiento e hipotonía casi permanente, en nuestro campo energético, y por lo tanto en el cuerpo. Lo que provoca una «destemplanza emocional» crónica, muchas veces alterando nuestro equilibrio neurovegetativo, produciendo una incidencia en nuestra salud y conducta, que afecta a cómo nos sentimos, así como al funcionamiento de nuestra mente. Será muy importante comprender que así, casi sin darte cuenta, has dejado de Vivirte, instalándote en una modalidad de vida que te aparta de tu verdadera Naturaleza.

Esto nos lleva a vivir alarmados, alterados, estresados, con grandes impulsos de codicia y aversión —no sabemos a qué agarrarnos, a dónde huir— nos volvemos «los seres humanos tensos» que tanto nombraba Alan Watts. Y estando alarmados, pasamos a vivir sin Amor, sí, el Amor es ese «pegamento» que nos une y relaciona respetuosamente con nosotros mismos y con los otros y lo otro, es la antítesis (no solo etimológica) del temor.

En este mundo, la sobrecarga emocional saca a la luz la peor cara de los seres humanos, con sus guerras, conflictos y desigualdades. La mayoría de los seres humanos solo sobreviven, pues, ya sea por causas y condiciones externas y/o internas.

Es decir, viviendo en modo supervivencia, vivimos desequilibrados, tensos, preparados para atacar, huir, o abatirnos casi hasta hacernos imperceptibles.

Esta «destemplanza emocional» mantenida, casi habitual, produce un estrés crónico que va creando una «coraza caracterológica» para, en principio, poder vivir. La palabra coraza implica una preparación para la lucha, en una especie de guerra de naturaleza psicológica, sea contigo mismo o con los demás.

Esa coraza caracterológica, como se dijo, es una estructura de defensa, creada ante continuadas carencias o fuertes traumas en la época de nuestro más temprano desarrollo, que se reinstala en nosotros a través de un

gesto de protección mantenido en el cuerpo y un dialo-
go mental afín, que crea, a su vez, una cierta estructura
de carácter como tan magníficamente nos explicaba John
Pierrakos. Una estructura que se inserta tan fuertemente
en nosotros que llegamos a creer que es nuestra identidad. Carácter viene de la palabra griega *kharakter* que significa 'el que graba', 'el que hace marcas'. Es una impresión profundamente instalada en nosotros.

Esta coraza se ha pegado a ti, como bien dicen algunos chamanes, como un auténtico «parásito», del que en
algunos momentos eres consciente. A veces «solamente»
digamos que «lo padeces» ignorante de su propia producción. Esta coraza cumple su función, te empuja a seguir
viviendo en modo de alarma, de ataque, de protección,
de resistencia ante la vida. La alteración y la tensión se
vuelven «huéspedes» casi permanentes en la «casa» de tu
cuerpo-mente. Esto genera un círculo vicioso de retroali-
mentación, entre tu sentir y tu pensar. Me siento en modo
superviviente, pienso como un superviviente. Da igual si
eres el perdedor o el vencedor en esta contienda. Has dejado de Vivirte, te has olvidado de Ti Mismo.

Los niños pierden cada vez antes su natural apertura
a Vivirse, basta mirar sus rostros. Adquieren demasiado
pronto el «color» de la tensión de aquellos mayores que
los rodean. Qué doloroso.

Desde hace tiempo se considera, técnicamente, a la
destemplanza emocional continuada como una «disregu-
lación emocional crónica», como una de las enfermedades

«naturales» y más comunes (como una pandemia silenciosa) de estos tiempos modernos, de ahí la desmesurada producción e ingesta de drogas legales e ilegales en el mundo. Significa que las personas han perdido el equilibrio neurovegetativo tan importante para la salud, la implicación afectiva y la participación social. Nuestro sistema neuroendocrino pierde su equilibrio con el exceso de producción de las llamadas hormonas del estrés como el cortisol, el glucagón, etc. Hay distonías más activas, por la desarmonía del sistema simpático, y distonías más pasivas por desarmonía del sistema parasimpático.

Es muy complejo salir de ese ciclo de estrés cuando está muy cronificado, pues no solo buscamos el ambiente psicoemocional al que estamos acostumbrados (más inconscientemente que conscientemente), sino que también es el alimento reclamado por nuestra biología, casi como una adicción. Hoy se sabe por diversos estudios que nuestras células reclaman esa «salsa» de neurohormonas como un estímulo al que están perfectamente acostumbradas y del que están hasta necesitadas, como una droga. No deja de ser paradójico que aquello de lo que nos queremos alejar —el estrés— sea activado por nosotros mismos. Cuando huimos del temor, de una profunda sensación de carencia, de la violencia, de la falta de libertad o de acogida, por ejemplo, en realidad lo que estamos haciendo es avivarlos en nosotros por nuestra identificación. Y entonces llega la justificación y el seguir apostando por llevar nuestra coraza caracterológica.

Además, nuestra mente más superficial buscará fuera algún objeto con el que contactar y asirse para solucionar esa destemplanza emocional, sin darse cuenta de que ese mirar y esperar la solución fuera no hace sino acrecentar, incluso perpetuar, el desequilibrio emocional retrasando el encuentro con nuestro trabajo interior.

Cayetano Arroyo, que contaba con esa mezcla de naturalidad, profundidad y humor solo al alcance de los sabios, afirmaba lo siguiente respecto a la impregnación del ambiente emocional en las personas. Decía: «cuando te sientas enamorado y con deseo de crear un vínculo afectivo fuerte, sería aconsejable conocer a la familia de tu amado o amada, para entender el modo en que se viven».

Lo primero sería saber si están en modo Vivirse o sobrevivir. Si fuese en modo supervivencia, que por desgracia y también por evolución, será lo más normal, sería importante entender si estás en un «campo» de agresores o de víctimas. De personas ávidas por atacar o escapar, o tremendamente abatidas (aunque los extremos a menudo se tocan, como muy bien apunta la expresión popular).

Como siempre que Cayetano hablaba surgía un sentimiento entre la fascinación y la perplejidad, francamente revelador. «Tenéis que entender a las energías emocionales con las que os vais a vincular, observar los gestos corporales de la familia, sobre todo de los progenitores, los gestos en sus rostros, el tono de sus voces y los temas que enciden sus conversaciones». Así se entenderá mejor su hábito emocional, y si este ya está muy «marcado» en agresión, agitación o retraimiento. Porque «eso», después de los primeros tiempos de enamoramiento, saldrá y revelará la tendencia emotiva en que tu amado o amada está acostumbrado a vivir. Tenderá a querer activarla, a reproducirla, consciente o inconscientemente, más allá del dolor que le haya causado, porque ese es el modelo, el «caldo» en que se reconoce. Es por así decirlo, su vibración-tendencia y esta será buscada. Cualquier cosa, por nimia que pudiese parecer, logrará encender ese caldo emocional adquirido. Saber ver eso será muy importante, porque si tú lo ves, podrás tener una gran oportunidad de entender y ayudar más claramente a tu futura pareja, comprendiendo su carga familiar y transgeneracional. Viviendo entonces con comprensión y compasión que, junto a la atracción, son la base del amor humano. Así, solo entonces, podréis intentar ayudaros para salir de un círculo vicioso muy poderoso, instalado, a veces, en los albores de los tiempos.

Evidentemente ese trabajo que tendrá que ser psicofisiológico y/o espiritual, tendrá que estar aprendido en el ejercicio sobre ti mismo, esto es fundamental, para luego estar preparado y, si eres solicitado, poder ayudar. Si no fuese así, no creas que es poco poder aconsejar. Comprender es siempre una inmedible ayuda para ver las causas y condiciones que empujan al otro a sumergirse en su ambiente aprehendido y aprendido.

Si difícil es observar con sosiego y ecuanimidad a aquella persona de la que se está enamorado (evidentemente esto es extensible a todo tipo de afectos), es mucho más difícil hacerlo sobre uno mismo. Tanto más cuando uno está identificado con lo que debería ser el objeto de la observación, tu unidad cuerpo-mente.

Por eso el modo supervivencia indica, entre otras cosas, que uno ha hecho a las tres grandes mentiras verdades. Creando, instalando en la persona un patrón enactivo* inconsciente (una forma de estar, de hacer), y también una reiterada forma de pensar y sentir, que se retroalimentan entre sí.

Podríamos decir que las emociones son reacciones muy fuertes (a veces se las define como sentimientos cortos, intensos y repentinos) que están «asociadas» al cuerpo y a la mente más superficial. Se generan como respuestas adaptativas a la resolución de problemas y, como dijimos antes, están hechas de vitalidad primordial. Sin embargo, en modo supervivencia, se genera un círculo recurrente de fuertes reacciones que con sus intensos procesos bioquímicos terminan alterando nuestra propia salud física y psicológica.

Instalado ya el modo supervivencia, en la lucha o huida hay incluso exclusión hacia el otro, y en el abatimiento, exclusión hacia ti mismo.

En el vivirse estás abierto a recibir la vida, así como a responder a ella, es una apertura en dos direcciones. Es

---

* El modelo enactivo, según el punto de vista de Jerome Bruner, especialista en psicología cognitiva, es aquel que se presenta primero y, por tanto, sirve de base para otros procesos que se producen con posterioridad.

como una danza de lo particular con lo universal. Algunos físicos lo llaman: doble flujo óptimo.

En el Vivirse, esa doble apertura (aceptación más atención) hacia Lo Que Es activa la buena pulsación de tu campo energético, pulsación de relación, conectándote con tu dimensión más espaciosa o profunda, habitada de sentimientos muy extensos, abarcantes ,donde la claridad y la Consciencia están presentes. En el Vivirse vuelcas tu potencial de vida a la Vida, la peculiaridad de tu pensar, de tu sentir, de tu hacer. Te vas volviendo ese cauce adecuado por donde fluye la Vida.

Producto de tu apertura y encuentro con el momento presente, en tu abrazo con la vida se activa tu mente más profunda acompañada de profundos sentimientos. Estos, los sentimientos, son respecto a las emociones, más amplios, circulares —en realidad, esféricos— como atmósferas envolventes, inclusivas, cada vez más sutiles y espaciosos, que nos acercan, y nos adentran hacia nuestro centro, hacia el propio Ser.

El encuentro con la Naturaleza. La bóveda celeste en la noche. La mirada de un bebé. Una reunión familiar. Compartir con un grupo de amigos. Una canción. Un libro. Un cuadro. Una película. La percepción del mundo que llega a ti. La emanación energética de tu cuerpo hacia el mundo. El abrazo en el amor... Todas estas cosas —y muchas más— que sencillamente te recuerdo, si no las quieres poseer, producen sentimientos amplios que te engrandecen y te abren hacia las altas esferas de Ti Mismo.

Los sentimientos son expresiones muy sentidas de las que uno es más consciente, brotan y se vinculan con las facultades más altas de la mente superior (reflexión, indagación, intuición, etc.) y con nuestro corazón (comunión), y a través de esto, con nuestro propio Ser.

Los sentimientos abarcantes, espaciosos, son la fragancia que acompaña a quien se vive. Asimismo, las tormentas emocionales recurrentes son el clima de quien sobrevive.

Como te comentaba al comenzar este capítulo será bastante normal pasar temporadas sobreviviendo, pero el ser consciente de ello (de que estoy no de que soy), será el primer paso de un camino de vuelta a mi centro, a mi Ser.

Ser conscientes (acoger, mirar) de nuestro gesto y sensación interna, de nuestra coraza, sin querer cambiar nada a través de la voluntad. Mirando ese gesto-sensación no como sujeto, sino como objeto de observación —notando su impresión en nuestro cuerpo—, se irá trasformando por sí mismo. Es la Luz del Conocer la que produce su armonización, su cambio seguro, sencillamente es cuestión de darse cuenta, y un poco de esa paciencia «que todo lo alcanza».

Será muy importante también mirar, hay que aprender a mirar, mirar hasta Ver —ese es el regalo que trae la meditación— con cariño y algo de humor, a nuestra mente más superficial, mecánica y parlanchina, que en modo supervivencia estará francamente perturbada, pero que se ha vuelto nuestro canal «favorito» de información.

Acoger, sin enredarnos en juicios y análisis, sin querer variar nada desde nuestra voluntad, ver a la actividad mental no como sujeto sino como objeto de observación, esto será como un pasadizo de transformación hacia las capas más altas de la mente.

Así, se puede salir del laberinto de sobrevivir, que te reviste de separación, tiempo y carencia. Empezando a Vivirte, no solo tu sentimiento más hondo celebrará la vida, sino que te volverás un ser humano compasivo y solidario para la Humanidad, para la Tierra. Ánimo.

7

El regalo de la meditación

En los anteriores capítulos hemos comprendido la impronta que nuestras primeras experiencias tienen en nuestro cuerpo y mente, «formateándolos», es decir, dándoles forma y representación, a veces de tal manera que ocultan nuestra naturaleza más profunda. Bien es verdad que solo se puede modelar aquello que es moldeable, como nuestro cuerpo de masa-materia y nuestra mente de impulsos, direcciones, informaciones y opiniones. La meditación nos adentra en nuestra naturaleza más profunda y permite acceder a una nueva dimensión y activarla y reconocerla en nosotros, «la espaciosa» o espiritual, libre de modelados, que nos invita a reconectar y experimentar con nuestros sentimientos más amplios e inclusivos, auténticos ambientes o aromas de nuestro Ser.

Como se dijo en el primer capítulo la Atención siempre está, como la condición dinámica de la propia Consciencia, pero normalmente el ser humano permanece «dormido a ello», sumergido, identificado con la mente superficial o inferior. Lo que llamamos meditación formal, sedente (sentada) es una práctica legada —por los grandes yoguis— para salir de ese adormecimiento. La práctica en sí es sin esfuerzo, el único esfuerzo de voluntad es el que tendrá que realizar nuestra mente profunda o superior para sacarnos de nuestros automatismos e invitarnos a movernos hacia esta práctica. Luego en ella, ya no hay ningún esfuerzo, somos invitados a pararnos y mirar, mirar... hasta Ver.

Es increíble la inmensa popularización que ha tenido en los últimos tiempos en Occidente una de las prácticas «cumbre» del misticismo de Oriente. Práctica, como decíamos al comienzo de este libro, que es el auténtico capitel sobre el que descansan tradiciones más que milenarias, tan extensas y excelsas como son el yoga y el budismo. Igualmente aparece en las prácticas contemplativas de los místicos cristianos y, como ya hemos apuntado, en otras antiguas tradiciones en todo el mundo.

La imagen del Buda sentado, estable, erguido, cómodo, quieto, con sus ojos cerrados o entornados, con sus manos descansadas sobre el regazo o en las rodillas ha intrigado y fascinado a distintas miradas de todo el mundo.

Historiadores, filósofos, científicos, médicos, religiosos... así como artistas, publicistas, empresarios o personas normales como tú y yo hemos experimentado una indeterminada atracción hacia esa figura con ese halo de serenidad que hoy acompaña distintos lugares más allá del ámbito espiritual donde germinó.

¿Por qué esa atracción hacia la imagen de un ser humano, sentado, quieto? Nuestra mente lo asocia a la introspección, a un cierto ensimismamiento, a un apartarse de la vorágine externa, como si uno parase y descansara, pero a la vez estuviera alerta. Evidentemente, no es la imagen de un durmiente. Es la imagen de un ser humano abierto apaciblemente al momento presente tal cual Es, emanando una atmósfera de calma y dignidad.

El psiquismo occidental, tan hacedor, tan impulsado hacia objetivos y logros, se queda perplejo ante la imagen de un yogui sentado en un «no hacer», en un sencillo Ser.

Esta práctica, que es el propio y natural devenir del proceso de la Atención, ha sido un verdadero regalo que los antiguos yoguis nos han dejado para salir de una cierta mecanicidad e hipnosis, y así volver a Nosotros Mismos. De hecho, es la llave para activar el reconocimiento de nuestra dimensión Espaciosa, que es lo mismo que decir Amorosa, Silenciosa o Luminosa. Esta dimensión, a veces es llamada Causal, al ser la causa o soporte de nuestras dimensiones mental, emocional y física. Ya sabemos que la mente está plena de informaciones, opiniones, direcciones, emociones, impulsos y movimientos de nuestro plano anímico o energético, y que este plano vibracional es el sustentador y activador de nuestra dimensión más densa de materia-masa, es decir, la corporal o física.

La meditación evidentemente no es un ejercicio físico, aunque mantengamos una cierta postura ni tampoco, como algunos creen, un ejercicio mental, puesto que no se dirige ni se ocupa directamente del cuerpo o de la mente. Aunque, como bien se ha demostrado, el estado de meditación tiene un fuerte influjo de transformación, de armonización en nuestra actividad mental y en el buen funcionamiento de nuestro cuerpo físico. Siempre les estaremos profundamente agradecidos a los yoguis por la trasmisión de tanto conocimiento práctico, que tan efectivamente facilita la apertura de nuestro corazón y nuestra comprensión.

Cuánta sencillez, cuán accesible parece, y en cierto modo es, la Meditación. El contacto con lo profundo y misterioso no necesita de ninguna parafernalia especial, ni de intermediarios, no va de levantar templos y monumentos a los dioses, de saber recitar las oraciones o jaculatorias apropiadas, o hacer los rituales «necesarios». Tampoco de peregrinar a remotos lugares o pertenecer a una determinada casta, clase o hermandad.

Todo es más sencillo, como bien decía el maestro Ramana Maharsi a quien llegaba a visitarlo: «párate, ponte cómodo, estate quieto y mira». A algunos con esas pocas palabras y la presencia del Maestro les bastaba para abrirse a Sí Mismos. Otros quizás más alterados o automatizados preguntaban: «Maestro, pero ¿qué miro?», y el sonriendo les contestaba: «lo que llegue ahora a tu mirar».

Vamos a tratar juntos de entender, comprender y vivir la práctica de la meditación que es la experiencia cumbre del estado de Atención Consciente, cuando este se torna abierto, ecuánime, sosegado y sostenido. Entendiendo su «tecnología», tan sencilla, que a veces se antoja compleja para aquellos que se han vuelto ya muy complicados.

Para ello será muy esclarecedor resaltar qué no es meditación. Normalmente sabiendo lo que no es, emerge más nítido lo que Es. La Profundidad y Verdad aparecen delicadamente al no identificarte con lo erróneo.

En tantos años de práctica y enseñanza me he encontrado con alumnos que me decían que su meditación era su siesta, el rato en la playa por la mañana, hacer crucigramas a la tarde o el paseo de antes de cenar. Confundiendo cosas tan naturales y beneficiosas como descansar, disfrutar de la naturaleza, activar la memoria o andar sin prisas, con la práctica meditativa.

Sí, a veces surgen estos equívocos, que parecen tan evidentes. Veremos además que la práctica de la meditación, vamos a decir formal, también se ha contagiado de ambientes religiosos, culturales o intelectuales que han tratado de atarla a sus propias «órbitas», apartándola de su sencillez y universalidad. Veamos primero qué no es meditar.

1. **Soñar no es meditar.** Cuando uno ve la imagen de un meditador, pudiera parecer que está adormecido, desconectándose del mundo y sumergiéndose en el

mundo interior de sus imágenes e ideas, o incluso en un estado de semiinconsciencia abstraído en la nada, como obnubilado. No es así, aunque es verdad que hay un proceso algo parecido a cuando nos retiramos a descansar, dejando de interactuar físicamente con el mundo. Sin embargo, muy al contrario, meditar implica permanecer despierto, atento, sin sumergirse en el mundo de las visiones y relatos mentales, sin precipitarse tampoco en el profundo mundo sin contenidos, uno está conociendo lo que acontece, pero sin volverse el soñador o el ausente.

Nuestra mente genera sueños como una forma de autorregulación del mundo de deseos y emociones, también como una solución de atender a lo que no pudo ser atendido, es normal y saludable, lo vimos en el capítulo sobre los escenarios del Conocer. De igual manera ocurre cuando nos sumergimos en los momentos de inconsciencia u olvido, en los que, según los científicos han podido comprobar, verdaderamente descansamos de los «tics» de nuestra personalidad o personaje. Pero soñar no es meditar.

2. **Pedir no es meditar.** Pedir, demandar, rogar, desear es muy común en el ámbito del rezo, y es algo natural que nos acompañe desde los albores de la humanidad. Sentimos la necesidad de dirigirnos hacia lo incognoscible, con preguntas, deseos y alabanzas, también a veces con prácticas absurdas y violentas. Es común en las religiones y tradiciones de todo el

mundo. Si bien es verdad que deberíamos entender mejor la fuerza de las palabras, de los sonidos, como auténticos evocadores de lo profundo. Eso es cierto. Es entonces cuando comprenderíamos que ha tenido, tiene y tendrá su lugar en la comunicación, búsqueda y evolución humana, pero lejos ya de temores y supercherías. Entendiendo mejor la fuerza de la vibración de los rezos e invocaciones sobre nuestro cuerpo y mente, así como sobre los campos energéticos con los que nos conectamos. Ese es el sentido más oculto de danzas, velaciones, cantos y oraciones, en infinidad de lugares de la Tierra. Pero pedir no es meditar.

3. **Buscar no es meditar.** Cuando ves a un meditador sentado no está buscando nada en particular, no hay ningún objetivo concreto. Esto ha descolocado mucho a los hombres y mujeres que se han acercado a la meditación buscando la paz que veían en ciertos Maestros y que ellos a veces no sentían, sin entender que esta era un fruto natural del proceso meditativo y nunca un objetivo *a priori*. Aquí el orden de los factores sí altera el producto. Hay un refrán que dice: «uno no debe poner el carro delante de los bueyes». La búsqueda, la investigación es algo muy natural —basta con mirar la curiosidad de los niños— en el mundo de la aventura en general y de la ciencia en particular. Cuando se va detrás de entender mejor el entorno que nos rodea, sea un objeto o proceso,

los investigadores desarrollan una capacidad de concentración admirable, que les permite ahondar en el conocimiento de las cosas. Esa fuerza bien empleada y no utilizada por intereses espurios ha sido, es y será, un motor fundamental para una mejor Humanidad. Pero buscar no es meditar.

4. **Esperar no es meditar.** Tener expectativas es algo elemental en este mundo tan dualizado en ganancias y pérdidas, en premios y castigos.

    Uno puede esperar que ocurra la experiencia maravillosa de otro día para revivirla, o temer la nefasta experiencia de aquella otra tarde, lo que nos sitúa en una condición mental que aleja de la naturalidad meditativa. Como dice el refrán: «el que espera desespera». Evidentemente no me refiero a la Esperanza con mayúsculas como muy bien puntualizaría mi buen amigo Antonio Morillas, entendiendo esta, la Esperanza, como un sentimiento de confianza y apoyo inquebrantable en el buen desarrollo evolutivo de la Humanidad y de la propia vida de cada ser humano. Uno de los aprendizajes de los senderos iniciáticos era que el peregrino comprendiese que el camino era más importante que la meta. Entender que los procesos son más importantes que los resultados. Cuán importante sería transmitir esto a una sociedad que da la espalda al trabajo continuado, mantenido, en favor de los éxitos tempranos y las cegadoras recompensas. Pero esperar no es meditar.

Tanto la actitud de buscar como la de esperar nos sitúan en la órbita del deseo, con sus propios mecanismos de recompensa o logro. La meditación nos dispone a un encuentro con lo que acontece, a una «Consciencia de encuentro».

5. **Juzgar no es meditar.** Es muy fácil querer extender a la práctica meditativa lo que es tan natural en ambientes judiciales, educativos y personales. Constantemente nos estamos evaluando, y esto parece querer seguir en la práctica meditativa. El juicio, o control de lo que está bien o no, respecto al ambiente externo que acompaña a cada «sentada», así como el juicio o control sobre los elementos y contenidos que emergen de mi cuerpo-mente durante ella.

   Esa partición y evaluación entre lo que está bien que suceda y lo que no, este querer controlar el natural fluir del momento, ahoga la libertad tan necesaria en el propio y natural proceso meditativo. La meditación es un acto de Libertad. Así pues: juzgar, evaluar, no es meditar.

6. **Reflexionar, analizar, no es meditar.** Resaltábamos en el primer capítulo la importancia de la reflexión en la construcción de un psiquismo maduro, que sabe alejarse y contemporizar con los impulsos instintivos y emotivos de la mente más superficial. Antiguamente, en los llamados retiros espirituales de diversas religiones como la católica, se entendía por meditación la reflexión y análisis profundo de

determinados pasajes de la Biblia, en los que el cre-
yente intentaba entender el hondo mensaje —a veces
encriptado— a base de repetirlo interna y externa-
mente una y otra vez tratando de reflexionar hasta
sobre el último signo o palabra.

Todo esto son funciones, hábitos de nuestra mente,
como el de analizar por qué mi cuerpo siente lo que siente y mi mente piensa lo que piensa, queriendo encontrar
las causas y condiciones subyacentes a mi sentir y pensar.
Este análisis es muy apropiado dentro del tan beneficioso encuentro terapéutico, pero innecesario en la meditación. Por lo tanto: reflexionar, analizar, no es meditar.

Es normal que todas estas condiciones mentales se
den en nuestra práctica, pero, como bien advertíamos al
comienzo, son signos de habernos sumergido en el dominio de la actividad mental, algo por cierto muy natural.
No pasa nada, pero es bueno saberlo para así poder volver
a abrirnos y mirar (como mira un niño) cómo se desarrolla el fluir de los eventos que acontecen en este «aquí
y ahora».

Por lo tanto, queda claro que esta práctica, sin
tiempo, sin lugar, fue dejada por los Sabios y Sabias de
la Humanidad como un método para volver a Casa. Es
una manera, utilizando una terminología muy de hoy,
de «resetear» nuestro sistema, de recordarnos, de reco-
nocernos, de ampliarnos, de activar nuestra dimensión

espiritual o causal, de salir del automatismo en el que estamos inmersos. No es una práctica para conseguir méritos, experiencias —que tanto gustan al ego— y que solo alimentan a esas tres grandes mentiras de las que antes hemos hablado. Esto es de suma importancia, si no, la meditación sería una pura extensión mental, llena de logros y decepciones. Tantas veces se ha advertido de ello: la meditación no puede engrandecer y blanquear la «idea de mí» alentando el «ideal de mí», porque ambos son una creación de la mente más egótica.

Una vez que hemos detallado qué no es meditación, sería bueno avisar de algunos obstáculos, unos más físicos y otros más mentales, que suelen aparecer, sobre todo al principio, en la práctica de la meditación formal o sedente (sentada). Cada obstáculo deberá ser entendido como una oportunidad de ir superando distintos hábitos y primeras reacciones ante algo aparentemente sencillo, pero nuevo.

1. **Incomodidad.** Tanto a nivel físico, como psicológico. Hay muchas posturas para meditar, desde en una silla al tradicional cojín de meditación, y que detallaremos más adelante en el capítulo trece. Es verdad que nuestro cuerpo ha adquirido hábitos que le dificultan sencillamente estar más o menos recto y quieto. Al principio esto nos traerá incomodidad, malestar e incluso dolor. Durante el tiempo que necesitemos podemos deshacer la postura y hacer

pequeños estiramientos y movimientos suaves. Igual en los inicios, en una «sentada» de veinte minutos necesitaremos hacer tres o cuatro pequeñas paradas, con el tiempo y constancia eso irá disminuyendo. No es necesario competir y forzarnos. De igual manera a la mente le parecerá que podríamos dedicar ese tiempo a hacer algo más «provechoso» o más conocido, algo que no la descoloque o la saque de su rutina o zona conocida. Damos espacio a esas quejas del cuerpo o de la mente sin seguirlas o enfadarnos porque surjan y seguimos con nuestra práctica.

2. **Somnolencia.** Cansancio, sopor, al principio cuando vamos superando la incomodidad es fácil que empecemos a acomodarnos y el cuerpo-mente tal vez cansado crea que es un momento para adormecernos, para sumergirnos en el sueño y entrar en un distinto estado de cognición. Admitir que estamos en un cierto duermevela, hacer de esta sensación durante un tiempo objeto de observación nos espabilará, también podemos mover suavemente los hombros y estar un tiempo con los ojos abiertos, hasta sentir que esa especie de modorra ha pasado y ya podemos continuar con nuestra práctica.

3. **Temor.** Es un obstáculo muy natural ante algo que no se conoce, ante el desconocimiento de lo que pueda «salir de nuestro interior», como si fuesen a brotar secretos o misterios guardados en lo más profundo de nosotros. Hay personas a las que estar en soledad

con ellas mismas les inquieta, y necesitan una permanente compañía real o virtual (tele, radio, móvil, etc.) en la que apoyarse. De nuevo, hacer de ese obstáculo un objeto de observación —no identificándonos con los anticipados relatos de temor— nos permitirá ir situándonos en nosotros.

4. **Inquietud.** Es muy normal que ante una práctica que favorece la libertad de que los momentos transcurran como quieran acontecer dentro y fuera de nosotros podamos sentir un cierto nerviosismo. O, si ya vivimos con una cierta agitación, el ser más conscientes de ella también puede inquietarnos. No hay que luchar con lo que se muestra a nuestra Consciencia. Aquí sería bueno recordar el ejemplo de cómo se aclara el agua turbia de un vaso: dejándola estar, no moviéndolo no agitándolo.

5. **Enojo.** Es una de nuestras primeras respuestas biológicas cuando algo no marcha bien en nuestras vidas, tendemos a enfadarnos por no conseguir los logros deseados. El enojo también surge en meditación si olvidamos que la mirada meditativa no tiene objetivo, no hay nada que lograr. Observar el enfado, darle un espacio y volver a poner la Luz de la Atención en el objeto de nuestra práctica meditativa será una adecuada manera de manejarnos con este obstáculo.

6. **Duda.** Es normal que dudemos si esta práctica o el enfoque que de ella hace determinado profesor es aconsejable para nosotros, o de si este momento

es el adecuado para nuestra práctica. La duda en sí es una riqueza de nuestra inteligencia que nos hace reflexionar sobre posibilidades u opciones distintas. La duda en sí no genera ansiedad, pero no permitírtela si ya surge en ti, sí. Darles un espacio a esas dudas, verlas como contenidos de nuestra Consciencia, nos permitirá volcar la Luz de nuestra Atención sobre el objeto de nuestra práctica. Si después de hacerlo seguimos dudando de la idoneidad de la práctica meditativa o del enfoque que se le da en determinada escuela, sería bueno estudiar, reflexionar, buscar consejo para tener más información, pero sobre todo entender que la meditación bien comprendida y practicada va abriendo nuestro cuerpo, mente y corazón. Nos hace verdaderamente más tolerantes y compasivos.

Recuerda que cada obstáculo debe ser visto como objeto de Consciencia y que son oportunidades, pequeños o grandes desafíos, para sacudir y activar nuestro potencial oculto.

Seguimos avanzando pues en la «tecnología» de la meditación, evidentemente es una manera de hablar. Eso sí, veremos que todo está profundamente mirado, «medido» y cuidado para facilitar nuestro Ver y Comprender y, así, situarnos en lo más profundo de Nosotros Mismos.

Meditación tiene la misma raíz que médico y medicina, «med»: el que cura, lo que cura. ¿De qué nos cura la meditación?, pues de la hipnosis que producen las tres grandes mentiras, aquellas que nos hacen vivirnos atados a la separación, al tiempo y a la carencia.

La meditación en sí es una práctica sin tiempo, el estado que llamamos de meditación (estado culmen de las prácticas de Atención Consciente), y que las prácticas meditativas van generando, produce una comprensión o revelación de tu verdadera naturaleza. Hay personas que acceden a esa profunda comprensión con poco tiempo de práctica y otras necesitan de más tiempo de práctica meditativa para desenredarse o purificarse de aquello que creen ser. Aquí no hay medidas de tiempo ni nada que forzar y sí mucho que comprender. En algunos Maestros ya iluminados como se cuenta del propio Buda su realización no era impedimento para seguir ejerciendo su práctica de meditación.

La meditación, te recordaba antes, es llamada por algunos grandes Maestros la práctica de la Libertad, en la que nos encontramos en un espacio libre de los automatismos de perseguir y de huir, libre de direcciones impuestas o autoimpuestas, libre de esto sobra o esto falta. Es sencillamente un tiempo para Ver lo que viene a ser visto, y así un Ver más.

Veamos pues la sencillez y por lo tanto la complejidad de su «tecnología».

Primera clave: cuando vemos a cualquier practicante en meditación, hay una total quietud corporal, ni forzada ni obligada. Los antiguos Maestros indicaban que dejes el cuerpo estable, vital, cómodo y quieto. ¿Por qué? Pues para ir saliendo del área de influencia del estado de vigilia, de la importancia o influencia de lo corporal. Este es el estado en el que solemos vivir durante el día, cuando atendemos a nuestros quehaceres cotidianos de todo tipo. Te recordaba en el capítulo primero que había muchos pueblos donde se «practicaba» un estado semejante al que se desarrolla en el Estado de Atención Consciente que culmina en la meditación, dando mucha importancia a la quietud corporal. Dentro de algunas prácticas, tanto en el antiguo Egipto como en las prácticas de «incubación» de los Filósofos Sanadores –como el gran Parménides– en la antigua Grecia, la quietud era fundamental como facilitadora del «viaje interior». También la quietud corporal aparece como algo importantísimo en algunas prácticas de recapitulación del chamanismo en Asia Central y en tradiciones indígenas amerindias.

Hemos visto que este estado –el de vigilia– se «mantiene» por una buena relación entre nuestra lectura perceptiva y nuestra respuesta motora. Diremos que es un estado donde lo determinante es lo externo y lo físico, tanto a nivel receptivo como expresivo.

Los yoguis, transmisores magníficos de la Sabiduría Perenne, de pronto nos dicen: «relájate, aquiétate, mira el despliegue de este momento en ti. Ahora no tengas tu interés en el mundo exterior, sobre todo en tu necesidad de responder (movimiento), o intervenir en él». El Conocer, sale del área de influencia física, desinteresándose del cuerpo-forma, del plano materia-masa.

Segunda clave. Cuando nuestro interés no está en la estimulación exterior ni en nuestra participación en ella, suele ocurrir que nuestra atención se interesa por el mundo más interno, por nuestro río psicoemocional de deseos, ideas, imágenes. Hasta aquí muy parecido, como resaltábamos antes, al proceso de ir a dormir. Pero de nuevo los Sabios y Sabias nos advierten: «no te sumerjas en ese río psicoemocional, ya que aparecerás en el área de influencia del estado de sueños, lo que se denomina *estado de pensamiento sumergido* tan común cuando uno se desconecta de la información externa y del cuerpo, tan parecido a cuando estamos soñando dormidos y en tantos momentos estando despiertos». Muchas veces, más que distraernos, ingresamos en ese «río» involuntariamente, sin poder evitarlo, empujados por profundas latencias inconscientes, convirtiéndonos en un determinado «yo» psicológico generado por las turbulencias emocionales o los relatos mentales que produce la inmersión en la mente. Aquí será muy importante mantener la consciencia testigo; tú eres el conocedor de los movimientos de la mente.

Tercera clave. Alguna vez habrás visto personas —u oído hablar de ellas— que entran en determinados estados de ausencia, las hay de muchos grados desde «pérdidas de conocimiento temporal», hasta pequeñas ausencias de pocos segundos. Ya te he contado que cuando yo estudiaba Bachillerato, tenía un profesor de Filosofía que en ocasiones entraba en esas pequeñas ausencias al hablarnos de los conceptos fundamentales de determinados filósofos. Aprecié que a veces se daba cuenta, se sorprendía y se asustaba un poco, pero otras veces «volvía» siguiendo perfectamente el hilo de su explicación, como si sencillamente se hubiese ido a tomar datos.

Más adelante entendí que hay ausencias que te precipitan a entrar en un sueño vívido, una zambullida en el mundo sutil, para tomar datos. Otras, en las que la persona siente que «se ha quedado en blanco», como si hubiese entrado en una dimensión hecha de ausencia de elementos o contenidos. Como en el estado de sueño profundo pero despierto.

En la práctica de meditación cuando vas alejándote de la influencia del cuerpo y de su tendencia a moverse y a intervenir, y en lugar de sumergirte en el río psicoemocional, lo Ves como un contenido u objeto más de tu experiencia, emerge esa dimensión de ausencia, a la que normalmente no se accede conscientemente, aparece el Fondo de todo, el Sostén de la Existencia. Esto es importantísimo, pues esa dimensión es desconocida, ya que normalmente al adentrarnos, más bien precipitarnos, en ella, perdemos la Consciencia. La meditación nos la muestra o revela, y resurge ese sentimiento abarcante de

Paz que la acompaña, y se muestra a Ti si te mantienes en el Conocedor de todo Eso, sin sumergirte o adormecerte; entonces puedes ver los dos lados de la Totalidad Misma, su Actividad y su Espaciosidad.

Cuarta clave. Aparece el Sujeto (Yo Soy). Cuando el estado de Atención se hace sosegado y estable surge la experiencia meditativa y la Atención se remonta a la fuente de la Atención. Abandonada la identificación con el río psicoemocional, los diferentes yos psicológicos que se generan ante los cambios de las circunstancias externas o los distintos movimientos internos ya no son vistos momentáneamente como Yo, sino como yos objetales, aprendidos, reactivos, personales, direccionales, que se posicionan ante estos cambios por huellas –mnémicas– muy antiguas alojadas en lo más profundo de nuestra mente.
Ese Sujeto que emerge ya no es una veleta ante los externos vientos circunstanciales y las movidas corrientes internas. Ese Sujeto no va a ninguna parte. Emana Presencia, la Consciencia objetal deviene Consciencia en Sí, es el centro de un campo omniabarcante del que emanan sentimientos de total Inclusividad y Espaciosidad, muchas veces bien entendidos «aquí» con palabras como Libertad, Bondad, Silencio, Plenitud, Paz, Felicidad, Amor. Podemos decir que se reconoce o redescubre un «agente de cognición estable», pero a la vez ilocalizado, es decir, no personal ni ubicado en ningún lugar corporal, como ya demuestran muchos estudios médicos sobre la Consciencia.

En algunas tradiciones se lo denomina Presencia, Tú Mismo, Mirada Interna, Consciencia Testigo, Atman... que son distintos nombres del Yo Soy, que es Uno con la Totalidad Misma. Eso es meditación.

En todo este proceso que te voy relatando, la apreciación consciente del fondo que sostiene a toda actividad es fundamental, ya que eso solo se suele experimentar inconscientemente en el estado de sueño sin sueños. La percepción de esa infinita Espaciosidad, bien acompañada de su amplísimo sentimiento de Paz, es fruto de exhaustivos estudios en el ámbito neurocientífico, por sus repercusiones en la salud física y mental. Es la gran revelación de la meditación, pero en realidad es el gran comienzo.

8

La paz que no es consecuencia

¿Cómo podría ser feliz quien no tiene paz?
Bhagavad Guita

Hemos visto que la meditación te permite ver, reconocer, experimentar la Paz que sostiene a todo lo existente. Ese es el magnífico legado que han ido guardando y transmitiendo desde los albores de la Humanidad todos los grandes seres que han llegado a un alto grado de realización de Sí Mismos.

Si profundizamos en el sentido de la palabra Paz, veremos que en algunas lenguas, como el sánscrito, el hebreo, el griego y el latín, las propias palabras ya apuntan a la insondable dimensión sobre la que vamos a tratar en este capítulo.

Shanti: en sánscrito esta palabra se suele decir al terminar muchos ritos y oraciones: *Om Shanti, Shanti, Shanti*. Se podría traducir como 'haya paz en el cuerpo, en el habla, en la mente'.

Shalom: en hebreo significa 'totalidad íntegra, bienestar material, familiar y de espíritu'.

Eirini: en la antigua Grecia significaba 'trascender o superar los conflictos'.

Pax: en latín esta palabra designa un metasentimiento que hace posible una vida sana, armónica y que sostiene el pleno desarrollo humano.

«No hay camino hacia la paz, sino que la paz es el camino», dijo Gandhi, indicando que la paz es la base para la construcción de un buen pueblo o nación y también para la construcción de una buena persona.

Nos encontramos ante la dimensión más valorada, más allá de tiempos, países o culturas.

¿Pero qué entendemos los seres humanos modernos por Paz? ¿O nos estamos refiriendo y acostumbrando a sucedáneos de esta? Sucedáneo, como el del chocolate que tiene un color, sabor y forma parecida pero no lleva, o solo en muy pequeña cantidad, los ingredientes esenciales –en este caso el cacao– de aquello a lo que se asemeja.

Paz versus bienestar

Con frecuencia creemos que estar a gusto, tener comodidad y bienestar en nuestra vida es lo mismo que estar en

Paz. Es evidente que sentir tus necesidades instintivas cubiertas y mantener un buen equilibrio fisiológico es fundamental para un buen desarrollo de tu vida. Eso debería ser lo más básico y necesario, no nos cansaremos de decirlo. Tanto a nivel individual como colectivamente. Pero todos sabemos de personas que gozando de buena salud viviendo con comodidades y capacidades vitales y sociales no se viven en paz. Eso se constata en sociedades aparentemente avanzadas en las que está más desarrollado «el estado de bienestar» y, sin embargo, tienen altos registros de sufrimiento anímico.

Aun siendo el bienestar nuestra merecida conquista, solo es un reflejo de la Paz de la que te hablo. Como el reflejo de los rayos del sol en un lago no son el mismo sol.

Esta Paz, a la que se acercan las distintas palabras que designan pueblos tan dispares y antiguos como al comienzo de este capítulo te he recordado, es de la que te estoy hablando.

Paz-felicidad versus satisfacción-placer

Claro que tu satisfacción personal en distintos planos produce una especie de paz, es evidente. Todos reclamamos además de que nuestras necesidades primarias sean atendidas, que también lo sean nuestras demandas y deseos (aunque recuerda que estos por su naturaleza tienden a ser insaciables). Esta satisfacción, es verdad, produce una especie de bienestar, de alivio que, como los sucedáneos, se asemeja, parece que es, pero no es «la Paz que no es consecuencia».

Es muy normal que la mayoría de las personas crean que la paz o la felicidad es la experiencia-sensación que sienten cuando consiguen llevar a buen puerto sus proyectos u objetivos, tanto a nivel material como psicológico, confundiendo placer o satisfacción con felicidad o paz, como ya adelantábamos en el primer capítulo. De hecho, el placer y la felicidad producen una experiencia distinta no solo psicológica y social, también bioquímica, como muy bien apunta el doctor Robert H. Lustig, diferenciando el «circuito de la dopamina», asociada al placer o satisfacción, con el «circuito de la serotonina», que tiene que ver más con estados de felicidad o calma, muy cercanos ya a la Paz de la que estoy hablando. El placer, la satisfacción, muy asociados al «circuito de recompensa», siendo evidentemente necesarios e importantes en nuestra vida, solo producen una pequeña, temporal e inestable paz.

Paz versus evitación del sufrimiento

Otras veces se confunde la Paz con la querencia de ausencia de dificultades, de conflictos, incluso de compromisos en el vivir. Como si uno no quisiese o pudiese moverse, significarse, actuar. Percibiéndose paralizado, como «muerto en vida». Es como si confundiésemos estar en Paz con no salir de nuestro «escondite», de nuestra zona de confort, que no se nos note, como bien advierten en algunas corrientes psicológicas. Viviendo en una especie de *novofobia* que diría Frank Rebaxes, que nos impide abrirnos a lo nuevo a lo cambiante, en fin, a la propia aventura de vivir. Esta pseudopaz produce seres debilitados, al confundir paz con saberse y sentirse protegidos, no molestados en aspecto alguno. Normalmente en estos casos se cumple el dicho: «lo que quieres evitar termina llamando a tu puerta».

Paz versus expulsar los «demonios» internos

Hay también muchas personas que creen que la Paz es calmar, expulsar o adormecer sus propios conflictos, tensiones o aflicciones, sus «demonios» internos.

Hace tiempo un alumno me contaba que tenía la costumbre de soltar toda la rabia de su frustración vital en su ámbito familiar. Me decía, pero ya con una naciente preocupación: «Enrique, después de soltar toda la rabia me siento en paz. Mi familia ya me conoce y yo les digo que "perro ladrador poco mordedor"». Las clases que recibía le habían hecho preguntarse el porqué de algo que hasta entonces le había parecido casi normal. Empezó a tomar conciencia de que su rabia era un tipo de violencia y que, como tal, uno debía empezar a entender que existe una concatenación en la violencia de pensamiento, palabra y acción, y que es muy fácil pasar de un nivel a otro, y que ese tipo de violencia estaba hiriendo el alma de su familia, sobre todo a su hijo pequeño, como el mismo me confesó. Comprendió que esa calma después de la tempestad, ese quedarse a gusto, aliviado de su propia tensión, no era paz verdadera, sino una manera aprendida de desahogarse que lo hundía más en los automatismos de su propio sufrimiento.

Trabajamos un tiempo juntos bajo el lema «si quieres que tu vida cambie, haz cambios en tu vida». Se entrenó con nosotros, sobre todo en consciencia corporal, respiración y prácticas meditativas, aprendiendo el arte de transformar y afinar su energía. Hoy él y su familia viven mucho mejor, alejados de la violencia verbal y el miedo.

Paz versus aletargamiento

Hay también una tendencia a creer que adormeciendo nuestro sufrimiento, dopándonos con drogas legales o ilegales nos sentiremos en paz y no sufriremos las dificultades del vivir. Puede ser entendible que uno quiera insensibilizar su sufrimiento, pero es sumamente peligroso, ya que cada vez necesitaremos más y más de esas sustancias, para ya sencillamente no sufrir; además de no solucionar nada, cargaran sobre nosotros el peligroso peso de la adicción. Sobreviviendo anestesiados, casi como zombis que no pueden expresar su vida, con un bloqueo perceptivo y expresivo donde uno «ni siente ni padece». De nuevo estamos hablando del sucedáneo y no de la Paz verdadera.

Paz versus éxito

Pensamos que estar en paz es poder encauzar nuestros asuntos más vitales y que haya armonía en nuestras relaciones más fundamentales. Todos hemos sentido en alguna reunión familiar, de amistad, o social el deseo de querer inmortalizar ese momento —detener el tiempo, decimos— cuando sentimos que todo marcha bien, que nuestra vida está muy bien desplegada y que, aunque sea momentáneamente, nos hace saborear el triunfo, percibiendo una sensación de paz y felicidad. Incluso esta paz, en la que todos deberíamos trabajar con dedicación y que es tan importante, tan humana, no es «la Paz que no es consecuencia». Esa paz es muy dependiente, y en lo profundo de nosotros sabemos que cambiará, como cambia todo lo que está sujeto a la impermanencia.

Buscamos donde no podemos encontrar y eso nos sume en una mayor confusión y sufrimiento.

La paz que no es consecuencia

La Paz no surge por satisfacer nuestros impulsos o deseos ni por evitar los normales problemas del vivir. Tampoco por expulsar nuestros «demonios» internos, mucho menos de anestesiar nuestro sentir, tampoco solo por una vida bien encauzada y bien establecida. La Paz Verdadera no es consecuencia de algo, porque ya Es.

Es la base misma de toda la diversa actividad manifiesta, igual que el océano es el lugar que sostiene a los distintos tipos de oleaje y de corrientes internas que se forman y se mueven en él, así como a toda las formas de vida marina.

No es una Paz que anula el movimiento de la Existencia ni nuestros impulsos, emociones, pasiones e ideas, sino que los abraza con su Espaciosidad Infinita, aportando una capacidad de amortiguar, relativizar, alumbrar y guiar lo que normalmente consideramos nuestras reacciones más propias.

Recordaremos que cuando nos abrimos a un mayor nivel de Nosotros Mismos en lugar de restringirlo o anularlo, es cuando más y mejor integramos lo que llamamos «menor».

Es normal que desde nuestra estructura cuerpo-mente más mecanizada confundamos cubrir nuestras necesidades y demandas –que se mueven en equilibrios llenos-vacíos (desde las más primarias a las más elaboradas)– con encontrar la Paz de la que hablan los Sabios y Sabias y aquellos textos que denominamos profundos o sagrados.

Cuando ya sabes Mirar –la meditación te ayuda a ello–, cuando la Mirada de tu Atención es estable, «la Paz que no es consecuencia» es percibida entre dos estímulos perceptivos, entre dos pensamientos, antes de arrancar o al terminar la escucha de una frase, o como la dimensión subyacente de profundos sentimientos. Estos son los primeros fogonazos de atisbo de la Paz que Es. A partir de estas experiencias, será percibida como comienzo, final y sustento de todo. Ves, sientes, esta Paz Fértil que sostiene, envuelve y penetra todo, todas las formas de este mundo manifiesto, tu cuerpo también, por supuesto. Asimismo, sostiene tus ideas, tus percepciones, en fin, cualquier formación, desde lo microcósmico a lo macrocósmico, todo se sostiene, se mueve, en esa gran Quietud, en esa Paz.

Esa «Paz que no es consecuencia», está más allá de la dinámica de la causalidad, emerge *detrás* de todas las formas y formaciones de vida, de igual manera que una pizarra está detrás de todas las expresiones que en ella acontecen.

Paz y felicidad

Cuando se le pregunta a alguien si es feliz suele contestar que más bien ha tenido instantes de felicidad. Para una persona identificada con su actividad mental es normal referir la felicidad a momentos de bienestar, satisfacción, placer o éxito.

La palabra Felicidad, que viene del latín *felicitas, felicitatis*, hace alusión a la fertilidad, fecundidad, en el sentido de estar preparado para concebir, para gestar, no solo a una nueva vida —que evidentemente es lo que significa en el plano físico humano— sino, para recibir y concebir precisamente lo intangible, lo invisible, a esa Paz que Es, esa «Paz que no es consecuencia», ese es el sentido más oculto y profundo hacia donde apunta la palabra «felicidad». Ese es el significado de muchas parábolas religiosas sobre la concepción inmaterial de un ser. La capacidad de poder llenarte, «encintarte», unirte a Dios. Es esta percepción la que te permite tener entonces una Visión entrelazada, despierta, lúcida, de la Realidad; entre su Actividad y su Espaciosidad.

Moshe Feldenkrais, el creador del magnífico método que lleva su apellido, tiene un libro que en castellano se traduce como *La dificultad de ver lo obvio,* un libro magnifico como todos los que publicó. En él, se refiere fundamentalmente a nuestro desarrollo psicomotriz, advirtiéndonos de la dificultad de ver aquello que está «delante de nuestras narices». De la misma manera, a nosotros nos cuesta ver y sentir la Paz que hay detrás de todo, precisamente por ser obvia.

Jugando con mis hijas cuando eran pequeñas con las ilustraciones en tres dimensiones, nos dábamos cuenta de que cuando mirábamos buscando algo en aquellos dibujos con demasiada intencionalidad, no lográbamos ver la revelación que guardaba la ilustración. Sin embargo, cuando mirábamos sin buscar, como en meditación, relajando el propio mirar, el dibujo mostraba su contenido tridimensional.

Paz y belleza

Esta percepción, de «la Paz que no es consecuencia» es la que curiosamente nos permite percibir y nos abre, nada menos, que a la verdadera Belleza –no la estereotipada–, aquella que Es, más allá de modas o medidas, conceptos o cualidades. La Belleza de la que te hablo necesita de la percepción de lo explícito sobre lo implícito; «la nube en el cielo». Esa Belleza de lo sencillo, de lo cotidiano, de lo natural, que tan profundamente reflejan por ejemplo los haikus, esa antigua tradición japonesa que te invita a percibir la Belleza que está detrás de tantos momentos sencillos, especialmente en el discurrir de la propia Naturaleza y que tanto inspiran a mi estimada alumna Charo Muñoz.

A cada soplo de viento
la mariposa
cambia de lugar en el
sauce
(Matsuo Bashò)

Relumbrante a la luz del sol
mi comida:
arroz hervido sin más
(Taneda Santoka)

Simplemente confía:
¿No revolotean así
también los pétalos?
(Kobayashi Issa)

Yo, ahora, aquí
el azul de un mar
que no tiene límites
(Taneda Santoka)

Es a eso a lo que apunta la frase de la Biblia «volverse como niños»: aprender, o mejor recuperar, ese mirar limpio sin buscar, como el que tienen los niños muy pequeños. Cuándo miras sin buscar, sin esperar, pero sin apartar la mirada, de una manera abierta, sostenida, sosegada, inocente —como en meditación— entonces da igual si tu Observación es externa o interna, allá donde miras

Ves. Emerge sosteniendo a todo Lo que Es, «la Paz que no es consecuencia», la Paz Fértil, la Paz Viva, la Paz de Dios.

El reconocimiento de esa Paz, es lo que permite que se resalte la propia Existencia, y esa visión entrelazada, cuando es sosegadamente sostenida, hace emerger a quien la mira. Tu Yo Esencia, el Yo Soy.

9

El yo que no es consecuencia

Quizás recuerdes la típica película sobre la mafia en la que aparece una escena en la que el protagonista mafioso está asistiendo a una celebración familiar (bautizo, comunión, boda...). Su cara aparece claramente afectada por la emoción de esa reunión. De pronto, se le acercan dos compañeros mafiosos a preguntarle algo, y él contesta con un simple gesto de afirmación. Inmediatamente después, en otro plano de la película, podemos ver la ejecución de un grupo de personas en cualquier otro lugar. Espeluznante, atroz, solo un giro de cabeza, solo un momento para pasar de mirar la escena de la ceremonia familiar, a mirar la de los rostros de sus compañeros de fechorías y se produce el cambio de personalidad, de yo psicológico. De estar enternecido con los ojos algo lacrimosos por la emoción de la ceremonia familiar, a pasar a sesgar la vida de otras personas, quizás «solamente» como muestra de poder. Sabemos perfectamente que por desgracia la realidad supera con creces a la ficción. Todo era cuestión de «trabajo» decían los mafiosos tratando de justificarse cuando la justicia los llevaba ante el juez, en esos macrojuicios completamente reales, aunque pareciesen de película.

Este tipo de comportamiento se enmarca en lo que se denomina «esquizofrenia moral o ética», término acuñado por distintos estudiosos del comportamiento humano para diferenciarlo del psicópata o sociópata típico de manual de psiquiatría. Aunque hoy se identifica mejor con el término de «disonancia cognitiva».

Este mafioso de película pasa en cuestión de segundos de un yo psicológico capaz de sentir afecto y que lo vincula a su familia, a un yo psicológico capaz de matar que lo vincula a la Familia (empresa mafiosa). Como si ante un cambio de referente externo apareciesen yos psicológicos distintos cargados de emociones tan dispares como la celebración de la vida y la violencia del asesinato.

En el juicio de Núremberg, que se realizó para aplicar justicia a los crímenes de guerra nazis, los expertos en salud mental no detectaban en los altos cargos juzgados el derrumbamiento psicológico típico de las patologías mentales graves. Más bien se encontraban con personas con un cierto bagaje intelectual, con vidas afectivas y familiares aparentemente normales. Cuando eran preguntados por el inmenso horror de sus crímenes, sencillamente respondían que era una cuestión del deber —su trabajo—, de la obediencia político-militar.

Dando a entender que según es el contexto así surge un yo distinto con sus diferentes valores éticos. Como si fuesen robots que se actualizan en resonancia con la energía «ambiental» o al activarse un programa interiorizado.

Lo mismo ocurría con los torturadores soviéticos en los gulags que sus dirigentes habían diseminado por la inmensa Siberia. La mayoría de estos político-militares, en su vida personal eran personas cultas, amantes de la pintura o de la música, pero cuando estaban en «su trabajo» se convertían en seres depravados y violentos, capaces de mostrar el lado más oscuro del ser humano.

En estos tres ejemplos de crueldad, de violencia extrema, nos encontramos con personas que parecen haber asumido el ser «funcionarios del horror» de sus respectivas «empresas».

A este respecto, hay un concepto, «la banalidad del mal» que fue acuñado por la filósofa y escritora Hannah Arendt para señalar cómo el ser humano puede saltarse todos los límites éticos y morales a la hora de dañar atrozmente a sus congéneres bajo el «paraguas» del deber cumplido.

¿Qué pasa? El contexto, cuestión de trabajo, dirían casi sin rubor con nula consciencia del terrible daño hecho a tantísimos hermanos de Humanidad.

Sé que pensarás que he expuesto casos extremos de esa «disonancia cognitiva», pero te aseguro que de diferente manera, pero también llena de violencia, surge en muchos más ámbitos de los que uno imaginaría.

Cuando, por ejemplo, el aparentemente tranquilo padre de familia y miembro respetado de su comunidad, hirviendo en una pulsión que no sabe o no «quiere» canalizar y transmutar, o simplemente por un hábito adquirido, se siente impulsado a visitar un prostíbulo y exigir como «cliente que paga» las más escabrosas perversiones, denigrando y cosificando a otro ser humano, contribuyendo además a potenciar uno de los peores tipos de esclavitud. ¿Qué pasa? Sin ninguna duda estamos también hablando de esta «disonancia cognitiva». Luego volverá a su ámbito familiar y social, incluso a impartir consejos morales y éticos.

No todos los ambientes o contextos despiertan en nosotros un estado que oscurece completamente nuestro corazón, generando la activación de la cólera y la violencia extrema, del dominio y el sadismo. A veces hay ambientes en los que lo que notamos es un cambio de registro en nuestra mente y una cierta activación hacia un estado de alarma y, por lo tanto, de urgencia, de cierto descontrol. Cuántas personas sumergidas en un evento colectivo, como puede ser una tradición cultural, un encuentro deportivo, un festival de música o una reunión política, aprovechan el ambiente de tribu, de hincha, de fan o de militante, para volcar su violencia hacia los otros

EL YO QUE NO ES CONSECUENCIA

que son diferentes en sus colores, gustos e ideas. Qué fácil cambiar de yo cuando se cambia de ambiente o escenario. Qué fácil es perder el respeto por el otro cuando es distinto a mí o cuando lo sitúo frente a mis valores y creencias. Menos mal que estos grupos, muchas veces aturdidos por distintas drogas legales e ilegales y también empujados por arengas de excitación calculadas, no representan a la mayoría de los seguidores de expresiones tan necesarias como la cultura, el deporte, la música o la política. Sí, menos mal.

Vemos a multitud de personas que en sus respectivos lugares de credo recitan oraciones y jaculatorias dirigidas a sus dioses o a los representantes de estos, a los que piden paz, salud y abundancia para sus vidas, así como misericordia para su venidero tránsito. Sus recitaciones encierran la promesa de ser justos, solidarios y llevar una buena vida. Sin embargo, luego parecen dejar al margen de tan buenas intenciones a su propio ambiente familiar, a sus compañeros de trabajo y a sus vecinos. Utilizando a veces su propia casa como su basurero emocional y en sus trabajos viviendo en una competencia feroz y desleal con sus compañeros, o aprovechándose de ellos por su posición de privilegio en la empresa. Igualmente, nos rodea un olvido negligente —a veces casi de marginación— de que vivimos en comunidad y no podemos desinteresarnos de los compromisos y responsabilidades vecinales. Tantas personas que en sus respectivos círculos de relación crean un clima poco propicio para la salud y la compasión que,

173

sin embargo, tanto propician para ellos mismos en sus oraciones y pensamientos.

Por supuesto no podemos ni debemos olvidar a los «diferentes» un incontable (inmenso) número de personas que han sido aniquiladas, hostigadas, maltratadas por profesar una fe distinta de aquellos que los dañaban. Sencillamente por tener conceptos mentales distintos sobre la forma y el nombre de lo Supremo. Eso sí, después de dañar ferozmente, implacablemente, se vuelven a «conectar» con un yo piadoso al estar en sus ámbitos de culto y rezo. De nuevo otra vez, esa «disonancia cognitiva».

Te resalto todo esto para que puedas acercarte mejor a comprender cuánto cambiamos de yo según sean el ambiente, las circunstancias o las personas con las que estamos.

Cuántas veces una persona se encuentra aparentemente cómoda en una reunión y, de repente, aparece un antiguo ex (compañero sentimental) —esto suele ser muy típico y habitual— con el que se tuvieron problemas en el pasado, y esa aparición hace que se dispare en la persona afectada un yo bien distinto en tono emocional y narrativa mental, que lo saca de su hasta entonces apacible y agradable reunión. Ese yo que emerge, lo posee y le hace revivir —que no recordar— las situaciones dolorosas vividas con su antigua pareja. De nuevo ante un cambio de circunstancias externas, hay un cambio en la experiencia de nuestro yo interno.

El verdadero perdón solo sucede si ante aquella persona que te dañó, su presencia, su palabra o sus hechos no reviven al dolido que duerme en ti, al sufriente que fuiste, porque sencillamente ya no está. Solo entonces te puedes relacionar desde tu centro o Yo profundo que siempre va acompañado de comprensión y compasión.

Cuántas veces en una reunión de amigos o familiar, el ambiente se agria fuertemente cuando surge un tema político o religioso y logra hacer perder el respeto de unos hacia otros, al querer cada uno imponer su razón de forma no precisamente razonable.

No hablo de discutir o de discrepar, esto es normal, ni de los naturales cambios en tu sentir. Esas expresiones y variaciones son consustanciales en nuestra vida y totalmente enriquecedoras para el ser humano. Hay un refrán que seguro conocerás que indica la importancia de convivir en la diversidad: «para gustos los colores».

Los padres de la dialéctica y la retórica como Heráclito y Protágoras decían que la buena discusión o debate terminaba cuando alguno de los participantes pretendía «silenciar» a su oponente, en lugar de persuadir, convencer, llegar a acuerdos, o al menos al entendimiento respetuoso con aquel que discrepa y tiene un discurso diferente.

Mi entrañable alumna Gemma Naranjo me recordaba una frase, respecto al mundo de las relaciones humanas, del Maestro Ramesh Balsekar: «Deja que lleguemos al acuerdo de estar en desacuerdo, y que esto no sea desagradable».

Es importante comprender que ocurre en un ser humano para que los contextos o circunstancias le den alas de naturalidad para traspasar una línea que debería ser sagrada: no dañar a un ser humano, en pensamiento, palabra o acción. Esa es la línea que nunca se debería cruzar. No se trata de hacer culpables, mucho menos demonizar a una persona o a un grupo, eso solo crea un círculo de dolor donde la víctima se vuelve el victimario, entrando en un encadenamiento de violencia e inconsciencia. Tratamos de entender al ser humano para entender también como se generan y enquistan los grandes conflictos que afectan a grupos y países. Hay muchos ejemplos de esos círculos de violencia que están cronificados en demasiados lugares de la Tierra, como el conflicto en Ruanda entre los hutus y los tutsis, o la relación entre el mundo árabe e Israel, etc. Se trata de saber que todos somos responsables de nuestros actos. Como ya se dijo, cuando hablamos de las emociones y su fuerte carga adictiva, hay que comprender que es muy fácil «dejarse llevar». Cuando nos sentimos contrariados, frustrados en algo o por alguien, es muy fácil activar o sucumbir a nuestra primera respuesta biológica, que es enfadarnos, irritarnos. Hasta aquí todo parece normal, pero si no hay consciencia en ese punto, se puede estar llamando a la rabia, a la ira, después a la cólera y con esta última casi siempre a algún tipo de violencia. Que para colmo parece estar bendecida, aplaudida o gratificada, cuando es enfocada hacia un enemigo.

Cuánto cuesta entender la actitud que contaba Jesús de Nazaret en la parábola del buen samaritano. Samaritanos y judíos estaban en aquella época en conflicto, eran rivales y se consideraban mutuamente herejes. El buen samaritano, asentado en su Yo profundo y en el Amor que de él emanaba, no entendía de enemigos. Sencillamente vio las necesidades y el dolor del otro (el judío) como propios. Solo una cosa era importante: reconfortar y ayudar.

Que importantísimo es poner luz en esto, cuanto antes mejor, o se seguirá produciendo tanto dolor y tanta insolidaridad que a la Humanidad como colectivo le costará despertarse para las grandes empresas que la esperan.

Gurdjieff solía decir que el ser humano es profundamente mecánico, que no tiene centro o timón. Comentaba en tono jocoso que si alguien se compromete contigo hoy en algo, quizás mañana mismo, no puedas encontrar ya a aquel que asumió el compromiso. Apuntando hacia la idea de que, ante contextos y circunstancias cambiantes, aparecerá en nuestro psiquismo un yo determinado por el ambiente, que no podrá cumplir el compromiso adquirido en el pasado. Como un barco sin timón que es arrastrado por los cambiantes vientos externos y las fuertes corrientes internas. A veces estos yos psicológicos se asemejan a unos huéspedes o invitados que entran y salen de una casa donde no hay dueño o anfitrión, queriendo ocupar y «decorarla» a su manera y, en ocasiones, luchando unos con otros por ver quién es más dueño de ella.

Son los yos mecánicos, producto de las variaciones externas y también internas, los que nos hipnotizan y poseen de tal manera que nos hacen aparcar la propia Ética Natural que demandamos para nosotros, al tiempo que

nos hacen olvidarnos de lo que Realmente Somos: el dueño, el anfitrión. Ocultando que una de las funciones más
fundamentales de esta vida es el respeto relacional, lo que
en algunas tradiciones orientales se llama «amabilidad incondicional» —tratar al otro como te gustaría ser tratado—,
y esta emerge, como una extensión natural, desde el yo
anfitrión, desde «el Yo que no es consecuencia», ya que en
Él nada es visto como ajeno.

Empezar a descreer lo que fervientemente creemos y
validamos será un «trabajo» sumamente interesante, sobre
todo cuando esas creencias, son opuestas a nuestra natural
manifestación en la vida y son generadoras de dolor en uno
mismo, o sobre los demás. No se trata de estar preocupado,
por si esos yos con sus relatos y su fuerza emocional aparecen, que aparecerán como asociaciones bien aprendidas,
sino verlos, pero no creerlos; sentirlos, pero no seguirlos.
Salir de esos hábitos no observados, que fácilmente nos
pueden situar en la órbita de esa «disonancia cognitiva»,
será un paso de profunda transformación interior.

Hasta hace bien poco, era fácil oír en muchos lugares
ese sencillo y espontaneo saludo «vaya usted con Dios», o
bien «buen día tenga», etc. Era común en muchos y distintos pueblos y hoy se va perdiendo. Eran vestigios del
inconsciente colectivo, que se guarda en los dichos populares, recuerdo de esa «amabilidad incondicional» que dijimos antes. Porque cuando comprendes profundamente, sabes que el otro es Tú Mismo, como tantas veces nos
recordaba Cayetano.

Como verás, el yo que es producto o consecuencia de algo, ese yo que surge, aparece o reacciona, ante cambios en las circunstancias externas, o internas, perdiendo su centro y por lo tanto el respeto cariñoso hacia todos y todo, no eres Tú, no es «el Yo que no es consecuencia»; el Yo Soy.

Estuvimos viendo en los primeros capítulos que las fuerzas o factores de desarrollo en el ser humano (cohesión, afecto, acción, comprensión), con todas sus variables y combinaciones, expresan sus dificultades o aciertos en nosotros los seres humanos a través del lenguaje mental. En nuestra actividad mental hay muchos yos que se expresan en ese sentido, capaces de asumir temporalmente una falsa identidad.

Si hemos tomado como verdad la segunda gran mentira, ¿recuerdas?: «mi identidad está en la actividad mental», y esta actividad cambia, como es natural, con las variaciones del vivir, cuando nuestra mente sea fuertemente estimulada por circunstancias que hacen surgir en nosotros un estado de presión, de alarma —y con este, como reacción, el enfado, la rabia o el temor típicos de ese estado de descentramiento— se generarán unos relatos mentales con su correspondiente resonancia emocional de tensión, capaces de hipnotizar el corazón del ser humano. Apareciendo un yo psicológico catapultado por el ambiente, que esconde y se aparta de tu centro, del Yo Soy.

Es en el Yo Soy desde donde de manera natural surge ese respeto relacional, llamado también en algunas tradiciones «amor al prójimo» o Compasión.

No estoy hablando evidentemente de volvernos imperturbables o de ser planos a nivel de emociones y sentimientos, sino de integrar estas reacciones aprendidas en una esfera mayor donde está nuestro centro, donde mora un Yo que Es, que se siente Uno con todos y todo. Un «Yo que no es consecuencia». Cuando te encuentras en Ti Mismo, es imposible dañar a otro, porque es como dañarse a uno mismo.

La aparición, o mejor el redescubrimiento, de ese «Yo que no es consecuencia», a veces denominado Presencia, es la deriva natural de la percepción de la «Paz que no es consecuencia» que permite ser reconocida, experimentada a través de la meditación y prácticas de autoindagación.

Estos descubrimientos nos despiertan cambiando nuestra brújula de la errónea percepción que producen las tres grandes mentiras, que como bien sabes nos hacen sumergirnos en la separación, el tiempo y la codicia.

Los yos que invisten de falsa identidad a nuestras naturales capacidades de adaptación están muy mediatizados por nuestros procesos instintivos, sensitivos y referenciales, son muy divisivos, muy duales, en un alternante movimiento entre la búsqueda del placer y el alejamiento del displacer, entre la satisfacción y la frustración, el éxito y el fracaso.

De hecho, hay muchos yos que corren o aparecen en nuestro Conocer, que empezaron siendo un tú. Pero al recibirlos proyectados en el ambiente familiar o educativo, en un tiempo de máxima vulnerabilidad, esas opiniones vertidas sobre nosotros son asumidas, introyectadas, inoculadas —como auténticos conjuros—, cambiando el tú eres... por el yo soy. Luego, nosotros transmitiremos también lo «bien aprendido» hacia los demás, proyectando sobre ellos nuestra «sombra» y dificultades del vivir.

Estos falsos yos viven en la mente más mecánica y superficial del ser humano, atrapados en el tiempo. Son los representantes de necesidades instintivas, demandas relacionales y de determinados enredos mentales, que siempre tienen una fuerte dirección u objetivo y son el eco de alguna carencia.

Entender dónde sucede todo este movimiento de fuerzas psicoemocional es dar respuesta a la pregunta «¿Qué soy yo?». Comprender a quién suceden es dar respuesta a la pregunta «¿Quién soy yo?».

«El Yo que no es consecuencia» Vive en el Ahora Intemporal, es sin dirección, y omnidireccional —de él nacen todas las direcciones posibles— simultáneamente. Ya que es el centro de los demás planos de manifestación o existencia, esto es importante comprenderlo. La analogía del centro vacío de una rueda de carro del cual surgen los diferentes radios o direcciones que producen el movimiento (la vida), hacía precisamente referencia a esto, a nuestro centro. El pensamiento y el deseo emocional son direccionales, es decir, tienen que llegar a buen puerto (objeto-objetivo) para ser, y pueden encontrar fuerzas opositoras en su camino que se lo impidan, igual sucede con nuestras acciones. «El Yo que no es consecuencia» no necesita llegar a ningún lugar para ser porque ya Es, por eso está fuera del tiempo. De hecho, está «más allá» del espacio-tiempo.

No necesita ambicionar o generar atributos, no necesita anhelar ningún objeto (denso o sutil), rebosa plenitud del encuentro con la vida, la cual vuelca en el abrazo con cada momento. Siempre abierto a acoger, a alumbrar y relacionarse con Lo Que Es.

«El Yo que no es consecuencia» no tiene opuesto, es No Dual y, por lo tanto, «sin conflicto», porque está fuera de dirección y posición, de oposición, de contrario, de enfrentamiento. Es el centro de tu dimensión más íntima y profunda, «allí» nadie persigue angustiosamente algo, ni huye de algo. No surge el dañar, ni dañarte, por la total ausencia de conflicto, de combate o colisión. Cuando estamos en Él, pensamiento, pasión y acción son enraizados en su naturaleza de no conflicto, auténtica raíz de toda actividad. En Él hay sitio —es el corazón de tu dimensión causal— para los demás planos de manifestación del ser humano, y de una manera altamente integradora. Pero ya ninguno de estos planos de expresión te determina, ni se apropia de tu Identidad, ya que esta ha vuelto a «Casa».

Tu Yo profundo, siempre está «aquí y ahora», no confundas los naturales movimientos de tu mente en el tiempo Contigo Mismo. Es tan evidente que cuesta verlo, comprenderlo.

Ese «Yo que no es consecuencia» es la dimensión más alta y amplia de toda nuestra expresión en la vida. En Él se reconoce al Creador en su particular Creación. Es el sentimiento del Yo Soy vivido con total Consciencia, esas «bodas» cuentan antiguas historias de Oriente, regocijan los confines del Universo.

El «Yo que no es consecuencia» es un Yo no personal y no localizado, es la semilla de la propia Fuente de Manifestación, trasciende a la forma y el nombre.

Paseando con mi padre por Madrid cuatro años antes de su muerte —dos meses antes de cumpliera noventa años—, me dijo: «mira hijo, aunque noto que me duelen las piernas y ya no camino tanto como me gustaría, aunque a veces me siento algo más lento en mis elaboraciones y participaciones mentales, "aquí dentro" —señaló su pecho—, siento que Soy el Mismo de siempre, que no tengo edad y que, desde "ahí", me abro naturalmente a vivir». Me quedé callado un momento, sonreí y le dije: «Qué bien Papá, porque ese que se siente siempre él mismo es tu Esencia, tu Yo más profundo». Seguimos hablando, dando un largo paseo que quedó grabado, junto con tantos otros recuerdos, en mi Alma.

Ese «Yo que no es consecuencia» es lo que Eres, has sido y serás. El eterno viajero, el vivenciador intemporal, principio y fin de toda experiencia en la forma y más allá, y que puede ser despertado, recordado y reconocido en la dimensión humana.

10

No hay dos

Reconocido, emergido el Yo Soy, se amplía, se despierta de manera natural tu percepción y tu vida aparece no divisiva con la Vida.

En muchas tradiciones de Oriente y Occidente se considera que esta vida es una ilusión, un sueño —que diría Calderón de la Barca— una experiencia finita que se evapora cuando tratamos de agarrarla.

En Oriente se denomina a la Existencia de diversas maneras, *maya* es una de ellas en la tradición hindú, y *samsara* en los textos budistas. Pero ya en ambas tradiciones se advierte que Maya (traducida como 'ilusión'), o sea el Mundo de formas y fuerzas, es Brahman (La Totalidad Misma) y que samsara (ciclo de existencias) es nirvana, (sueño y despertar van juntos). Indicando la no división, la no diferenciación, la No Dualidad entre lo Noumenológico y lo Fenomenológico, entre lo Implícito y lo

Explicito, entre Creador y Creación, entre lo Absoluto y lo individual.

El termino *advaita* significa etimológicamente 'no dos' o 'no dualidad', apuntando a esa no división ni diferenciación entre el «Único Contenedor» —la Consciencia— y los «interminables contenidos» de la Existencia. Indicando, así, cómo adentrarse en la profunda comprensión de lo Supremo, de la Totalidad Misma.

Si hay un hilo común en las diversas experiencias de los místicos de cualquier lugar y tiempo, es que su visión y sentimiento se vuelven tan penetrantes e inclusivos que ya no advierten la fragmentación, la separación ni la limitación, con las que la mente humana percibe la Realidad. «Solo Dios» sale de sus labios cuando transmiten con la palabra su experiencia. «Todo es sagrado» repiten hasta la saciedad para aquellos que se dignen escucharlos. Recalcando la no asunción de la Realidad en entes diferentes y separados por forma o nombre, que es uno de los signos característicos de la apreciación mental.

Cuerpo, Alma y Espíritu aparecen no separados; son gradaciones de La Totalidad Misma. No hay un cuerpo pecador y un espíritu salvador. No hay diferenciación entre lo denso, lo sutil y lo espacioso. Todo es Pura Consciencia, declaran los maestros advaitas, herederos de una visión profundamente lúcida e inteligente de nuestro vivir, largamente preservada en el corazón mismo de la sabiduría humana.

Mundaka Upanishad: «El Yo sin nombres ni formas es el agente (causa eficiente), y él mismo, cualificado con nombres y formas, es el objeto (causa material) de la Creación. Está claro, pues, que no hay nada contrario a razón que un mismo Sujeto sea a la vez agente y objeto».

Curiosamente son los científicos más punteros los que se acercan a esa misma visión, al estudiar la composición y el comportamiento de la vida. La luz en su propagación electromagnética puede ser onda o partícula, nos apunta la ciencia. Da igual que estos científicos con su visión penetrante y sostenida —como la de los místicos— miren hacia las estrellas o hacia las partículas.

Einstein demostró que lo que llamamos materia es energía densificada, ralentizada o compactada, cambiando la percepción de tantas cosas que parecían fijas en la ciencia. De igual manera, personalidades de tantísimo prestigio como el físico David Bohm apuntan hacia la importancia de una concepción de la Existencia que no sea fragmentaria: «como uno de los factores básicos necesarios para traer armonía al individuo y también a la sociedad», desarrollando un nuevo concepto de orden que resulte apropiado a un universo de totalidad no fragmentada. Bohm acuñó los términos *orden plegado* y *orden desplegado*, definiéndolos como «estados» que conforman la Realidad Suprema.

Hay un ejemplo que al gran sabio Sankara le gustaba mucho utilizar a modo de analogía. Contaba que uno podía encontrar en un bazar distintas vasijas, con distintas formas, colores, nombres y utilidades (cántaros, jarras, vasos, tarros, etc.), pero señalando que todas estaban hechas de diversas arcillas que salían de la misma tierra. Que estas alojaban distintos volúmenes espaciales, pero evidentemente del mismo Espacio.

Esa fragmentación, esa dualidad con la que la mente superficial ve la Realidad ha generado muchos conflictos, sufrimiento y aflicción a la Humanidad.

La diferenciación entre Creador y Creación, entre lo sagrado y lo profano, entre la luz y la oscuridad está dañando de manera profundísima a este hermoso planeta que aloja nuestra vida y que los griegos llamaban Gaia. Esa mente superficial parece obviar la Creación, que es la expresión del Sí Mismo sin ningún atisbo de división o diferenciación entre ambos. Ese ser humano inmaduro, guiado por un bagaje familiar, educacional y cultural, recibido y no revisado, es el que parece no poner en valor a nuestra Naturaleza, expresión viva de la Creación del Creador. De hecho, cuántas veces, en nombre del Creador, se ha dañado a distintos seres vivientes de la Creación.

Cuánta energía perdida en determinar cuál es la forma o imagen de Dios y cuál es su verdadero nombre. ¡Cuánto enredo todavía con la forma y el nombre! Cuántas guerras y conflictos, cuánta violencia y desolación. Se tenía que haber aprendido de lo que transmitían tantas tribus indígenas, como las de América del Norte, con su ejemplo en el cuidado y amor a la Tierra. No ver a Dios en nuestras tierras, aguas, aire, en su diversidad de flora y fauna, en la riqueza de las distintas formas de vivir...

¡Cuánta ceguera aún, al no sentir todo esto como propio!: algo que recibir, agradecer, cuidar y legar.

Las mentes más inmaduras ven a Dios como algo fuera, como en otro lado o lugar, y no como la primera y última Realidad de Todo. No viendo en la Creación misma, al «cuerpo» de Dios. Dividimos la realidad entre sujeto y objeto, dentro fuera, Seidad y Existencia.

Lo mío versus lo otro, los mío versus los otros. Esa diferenciación, ese no entendimiento, esa no integración de la rica diversidad humana en razas, costumbres, creencias y sentires. Qué aturdimiento, el no ver que esa riqueza es una de las causas de nuestro aprendizaje de vida, que maravilla y deleita al propio Ser.

Cuando hablamos del tiempo de crianza y educación, vimos la importancia de la enseñanza de una visión integradora, a la hora de generar en el futuro adulto no solo el respeto cariñoso por lo propio y cercano, sino por lo ajeno y lejano también. Recordamos un dicho, muy valorado entre muchos psicólogos y educadores, que más o menos dice así: «da igual hacia donde se mueva la puerta de nuestra casa, hacia dentro o hacia fuera, en ambos espacios el niño debería sentirse cómodo. Asimismo, no debería haber diferencia en mantener el mismo respeto cariñoso, la misma amabilidad incondicional, hacia ambos lados de la puerta».

Eso se debe, y se puede, transmitir a los niños, e incidiría evidentemente no solo en ellos, sino en una evolución humana más consciente. Ahora bien, si en su época de desarrollo, se les enseña que hay personas y lugares a los que respetar, valorar, y otros a los que no, eso producirá una brecha, una diferenciación, una dualidad en su percepción.

Sin embargo, si aceptáramos que todo –y no solo lo mío o lo nuestro– es respetable y, además, aprendiéramos a cuidarlo, se daría un paso de gigante. Esto aceleraría el florecimiento de una verdadera conciencia solidaria y ecológica en los futuros adultos.

Recuerda el mensaje de los Místicos, «solo hay Dios», «todo es Sagrado», advirtiéndonos tanto de la Verdad Última –que está detrás de todas las formas, densas, o sutiles– como de la no división de la Realidad. No hay entes plurales separados, unos entes buenos y otros malos, unos importantes y otros no. Eso es imposible, porque todo está en relación, entrelazado, en interdependencia.

Eso no significa que no haya personas enajenadas, es decir, fuera de su centro o esencia, quienes, guiadas por programas de ambición, pueden dañarse y dañar. Esa es una posibilidad demasiado común hoy en día, por nuestro propio proceso evolutivo, todavía el mundo está lleno de estos seres descentrados, pero que no están fuera de nosotros, son también partes (menos conscientes) del Todo. Con ellos sería apropiado aplicar esa máxima cristiana que dice: «sé inflexible con el pecado e indulgente con el pecador».

Para nuestra estructura mental más superficial y condicionada las personas pueden aparecer con mayor importancia por sus posesiones materiales, logros profesionales, personales o por su cercanía y afinidad con nosotros. Pero verdaderamente no hay diferencia Real entre tú y yo una vez desprovistos de toda apariencia. El saludo de las manos juntas en postura de oración —*namasté*— tan común en tantos lugares de Oriente hace referencia a esa no diferenciación; no se saluda a la corporeidad ni al estatus social de las personas, sino a su esencia, que es no diferente a la nuestra.

Para la captación de esa visión mística de ese *continuum* simultáneo de todo en el Todo, es fundamental la percepción del Eterno Presente, el imperecedero Ahora. Este actúa de catalizador, para superar la divisiva y limitante percepción de la mente superficial. Los grandes yoguis, muy especialmente, han dejado bien claro que cuando dejas de identificarte con lo que no eres (actividad mental) surge la percepción y comprensión de lo que Eres.

La declaración del sentimiento y la visión a los que aluden los Sabios y Sabias de la Humanidad es muy potente, muy reveladora, pero a la vez comprensible por nuestra propia razón e inteligencia. Ellos proclaman, para aquellos que tienen sus oídos y corazones abiertos, lo siguiente: «El fondo de donde surge el Conocer y el fondo de donde surge la diversidad conocida no son diferentes». No hay Dos. Solo Dios, todo es Consciencia.

El sentimiento que surge al diluirse la aparente diferenciación y separación, después de la visión o comprensión mística, es lo que llamamos Amor, el sentimiento de máxima Inclusividad, es el auténtico «pegamento» que une todo. Aunque la palabra amor esté a veces demasiado manoseada, porque se ha utilizado para demasiados intereses propios, de los que el Amor evidentemente no sabe.

Decía Sri Nisargadatta que, para Ser, solo es necesario tener un corazón y mente ya maduros. No hace falta ningún requisito especial para volver a casa, al origen, a Ti Mismo.

Cayetano Arroyo, que tanto me enseñó, propiciaba una sólida, y hasta lógica, confianza en sus palabras y hacia donde estas apuntaban. Su sentimiento de bondad despertaba el mío, su coherencia entre lo que decía y cómo vivía era un ejemplo que aumentaba mi confianza, a la par que mi admiración, su trato increíblemente respetuoso y cariñoso hacia todos los seres sensibles, hacia su Santa Naturaleza, que el tanto amaba, encendía mi compasión. Cuando yo le comentaba todo lo que me ocurría en su presencia, incluso leyendo sus escritos, me decía: «Quique, es tu estar receptivo, abierto, lo que te permite recordar, sentir profundamente, reconocerte». Hay un dicho oriental que dice «es más fácil que un tronco arda al lado de otro ya encendido», de nuevo la analogía muestra lo evidente.

No Dualidad significa ver que no hay fragmentación, mucho menos oposición, entre el día y la noche, la actividad y el descanso, el nacimiento y la muerte, entre el universo manifiesto y el universo no manifiesto. Todo está hilado, todos son tempos de una misma esencia que en algunas tradiciones de Oriente llaman Brahman, que es una manera de llamar al sustrato o esencia de todo el Todo, la Totalidad Misma.

Cuando se acerca nuestra mente occidental al entendimiento de lo oriental debería ir con el mismo cuidado que cuando un veterano arqueólogo utiliza sus instrumentos para desenterrar unos antiguos restos. Aquí la literalidad, la rápida o simple traducción, puede llevar a grandes equívocos, a «manosear» lo encontrado. Los grandes Maestros y Maestras de la Humanidad te invitan a mirar sosegadamente, a mantener tu foco en las enseñanzas, como lo mantiene un científico cuando trata de entender y descubrir las muestras sobre las que desarrolla su estudio. Tener prisas o tan solo una mirada superficial ha traído grandes equívocos a la mente occidental al querer descubrir el alma de Oriente. El psiquismo oriental tenía —ya está cambiando— una actitud de relación circular con la existencia; el psiquismo occidental tiene una idea lineal de esa relación, y es muy importante comprender esta diferencia a la hora de querer «traducir» precipitadamente a Oriente.

De igual manera que morir no es ningún fracaso, mucho menos un final, sino parte de un ciclo de aparente dualidad, nacer no es un pecado, ni una penitencia, como a veces se ha querido entender o significar tanto en Oriente como en Occidente. El conocimiento experiencial nos debería situar más allá de cualquier fragmentación, diferenciación u oposición. Todo son ciclos complementarios de campos equivalentes con sus propias «reglas de juego», pero no hay nada fuera o diferente a Ti. Hay que ir más allá de la división entre Ser y no Ser.

Para el sabio Ramanuja (siglo XI), el acto de liberación supremo consiste, precisamente, en esta profunda contemplación y comprensión, por la que el yo fenoménico, sin perder su individualidad, descubre la presencia de la Totalidad Misma en lo más profundo de su ser.

Cuando algunos interpretan que la vida es solo una carga de la que hay que salir, que todo es sufrimiento, parece que no recuerdan el sentimiento de inmensidad de una noche estrellada, el calor del sol en la piel, la grandiosidad de una cadena montañosa, el goce de un baño en un riachuelo cristalino o en una playa tranquila, el frescor de los árboles, el movimiento de los pájaros al atardecer, la compañía de un gato o un perro, la sensación insondable del abrazo humano, los ojos de un recién nacido, la imagen de un grupo de amigos compartiendo, el estar contigo mismo Siendo.

El problema no está en poder ver y sentir tanta belleza, sino en querer retenerla, paralizarla, poseerla, apropiarte de ella, hacerla de tu pertenencia. El Buda habló del deseo compulsivo como el impulsor de la ignorancia, no de tu vuelco o abrazo a la vida, de tu curiosidad, creatividad y agradecimiento a la manifestación, a la Creación, que no es diferente del Creador. Ambos son dos «caras» de la Totalidad Misma. No hay Dos.

11

El buen amor. El amor completo

Bien, empezaremos por el primero, el Amor con mayúsculas. Luego me extenderé un poco más en el amor humano, especialmente, el que entendemos como amor de enamorados o de pareja.

El Amor es el sentimiento inherente a toda persona que ha accedido, ha despertado, a su propia Naturaleza. Hasta recuperar tu centro, tu energía seguía las directrices de tu mente, siendo esta impulsada a través de tus anhelos y de las ocultas latencias inconscientes. Cuando ya estás en Ti y no te identificas con lo que no eres, surge el «elixir de la plenitud», un amor bondadoso, un cariño respetuoso, hacia tu yo individual (cuerpo y mente), hacia tu mundo de interacciones y hacia el propio mundo.

El Amor es el sentimiento de mayor Inclusividad, que produce el cambio más profundo en tu manera de vivir y relacionarte. Afecta a la totalidad de tus relaciones, recordando, eso sí, que la primera relación es la que tenemos con nosotros mismos.

Cualquier persona que llegue a un alto grado de comprensión, de experimentación de la profundidad de la Vida, emana Amor. Siendo, vibrando en el Amor, se llega a las más altas cotas de Realización.

El Buen Amor, como el sentimiento de mayor integración, de mayor inclusión, siempre te contiene a ti mismo, no quedas fuera de este increíble y profundísimo sentimiento, que es lo que une el Mundo y también lo que lo produjo.

Cuando te Amas a ti mismo, por supuesto no en actitud egótica o narcisista, estás irradiando Amor a todas tus células —unidades de vida interna— también a todos los seres que están a tu alrededor —unidades de vida externa—, visibles y no visibles, humanos y no humanos.

De hecho, el vibrar tú en el Amor es la mejor preparación para Amar tanto a los otros como a lo otro. El Buen Amor está hecho de respeto y generosidad, entiendes la diversidad como no diferente a ti mismo, percibes lo que parece ajeno como propio. Aprendes a sentir, a empatizar con el otro, compartiendo sus alegrías y sus penas, viéndolo como una extensión de ti mismo, deseando y fomentando la máxima plenitud en él, como en ti.

No hay sabiduría o santidad que sea excusa suficiente para no amarnos a nosotros mismos y a los demás.

Thaddeus Golas

La felicidad de los padres, la unión de su amor, es el mejor alimento para ayudar a ser felices a los hijos.

Sin embargo, cuántas veces uno escucha a padres decir que se han sacrificado tanto por los hijos que casi no han tenido vida propia, y aunque eso es muy normal en una época donde el niño es muy vulnerable, es bien cierto que los padres deberían retomar cuanto antes el tiempo, el cuidado del uno hacia el otro, y de cada uno hacia sí mismo, para así no guardar en su Inconsciente que su frustración de vida es por culpa del «amor» a sus hijos. Esto conlleva cargarlos a ellos con ese peso —la culpa— tan desestabilizador.

Esto sería extensible hacia cualquier tipo de relación. El Buen Amor no te deja fuera, es imposible, es la manifestación de la más alta energía y no excluye evidentemente nunca al que la siente y vibra en ella y, por lo tanto, la vive de verdad. El buen Amor no es una pose o un medio para otro fin, es una disposición-vibración, es un darse, naturalmente darse.

Eso lo tendríamos que tener en cuenta en cualquier tipo de relación afectiva. Cuántas veces en nombre del Amor, por ejemplo, a la patria, la religión, el honor, el partido o la empresa, se trata de dejar fuera de las bendiciones del Amor, a aquel mismo que se le exige Amor desde

esos estamentos. Ahí no hay Amor, eso es obediencia ciega, que solo crea estructuras que necesitan de fanáticos
obedientes, capaces —cual autómatas— de autoexcluirse
de lo más grande, de lo más bello, el Amor.

Evidentemente eso no es Buen Amor. Tampoco lo es
ese amor de pareja, que luego veremos, en el que uno de
los dos asume no poder ser feliz, con tal de que el otro lo
sea. Eso es dependencia, adecuación o resignación. Hay
muchos y diversos tipos de relaciones enmascaradas de
Amor. Nadie que se sienta infeliz puede hacer feliz a otro.
Porque nadie infeliz puede irradiar Amor.

El buen Amor, repito, es el sentimiento más inclusivo
que existe, vive en ti como «primer» regalo de tu Comprender, de despertar de la pesadilla de las tres grandes
mentiras. Quieres el mejor y máximo desarrollo para el
otro o lo otro, nadie ni nada queda fuera, pero evidentemente siempre te incluye a ti mismo.

La verdadera autoestima es fruto natural del Buen
Amor, significa apoyarte incondicionalmente y no tener
un amor convenido contigo mismo. Aquel en el que estás
bien cuando todo va bien y, por el contrario, te dejas caer,
te rechazas, incluso te maltratas, cuando las circunstancias empeoran y aprietan. Eso es amor de conveniencia,
pero no Buen Amor. No habría «sombra» o cara oculta dañina en nosotros, si esta, en vez de recibir nuestra
exclusión o marginación, recibiese también nuestro au-
tocuidado, nuestro Amor. No se trata de tener una con-
descendencia mecánica respecto a nuestras pequeñas o

grandes tinieblas, sino bañar todo con la luz del Amor, que activa el Amor. Con uno mismo hay que estar igual que uno está con los verdaderos amigos a los que estima de verdad, «a las duras y a las maduras». En el buen Amor eso surge de manera natural.

Claro que hay algunas excepciones, personas en las que se da la generosidad del Amor de la mano de la Consciencia. Son seres que se vuelcan en salvar otras vidas por sentirlas como suyas, poniendo en peligro o perdiendo la propia. Es bastante normal en ámbitos familiares. Qué padres, eso sí, medianamente conscientes, no darían su vida por la de sus hijos, qué abuelos no la entregarían por sus nietos.

Sucede también, en situaciones de accidentes o catástrofes, en las que deciden apostar, como verdaderos héroes —palabra relacionada con el acto de Amar—, por el futuro de aquellos que más lo necesitan, los más pequeños o frágiles, en una culminación del altruismo (como la orquesta del *Titanic*), a veces en perjuicio de la propia vida. Son esas excepciones que confirman la regla, pero esta es que el Buen Amor te incluye a ti mismo.

Pienso y siento que estas tres frases que comparto contigo son sumamente esclarecedoras del sentimiento que surge cuando logramos nuestra maduración y realización. El Amor es y se da, de la misma manera que una flor entrega el perfume de su maduración.

La primera: «Ámate y ama al prójimo como a ti mismo». Frase de Jesús de Nazaret que todo el mundo ha oído, pero por desgracia no siempre ha sido bien comprendida.

La segunda es de Stanley Keleman: «Sí, puedo afrontar esta experiencia, porque me quiero y sé querer».

La tercera de Sri Nisargadatta: «El amor a uno y el amor a todo se funden en el Amor, puro y simple, dirigido a nadie, negado a nadie».

Cuando ahora te hablo del «Amor completo» me refiero al amor humano, específicamente, al amor en una relación de pareja. Este amor es el que teje un buen vínculo de cuerpos, corazones y mentes. Me explicaré: cuando sentimos una profunda atracción hacia otra persona en el sentido de enamoramiento, se abren unas claves interesantísimas que deberíamos no olvidar para el buen devenir de nuestro amor. Aunque pensemos que la atracción es puramente física, es bueno que entendamos que es físico-energética, nos iría muy bien entender este matiz, recordarlo de vez en cuando y ahondar en ello. De lo contrario, podríamos estar poniendo mucha energía en una máscara o maniquí, cosificando a un ser humano. Ese tipo de atracción, además de superflua, siempre es fallida. La atracción, aunque empieza en la forma, ha de transcenderla.

Lo primero que surge después de la primera atracción son las ganas de volver a contactar con aquella persona que nos ha removido tan profundamente, queremos verla, escucharla, sentirla, tocarla, abrazarla... En definitiva, queremos volver a saber de ella y estar con ella. Nos encontramos fuertemente motivados para volver a encontrarnos con esa persona, y la motivación se extiende sobre nosotros que empezamos a cuidarnos para sentirnos lo mejor posible, en todos los aspectos, para cuando se produzca el encuentro. Ese anhelo de contacto es el paso que permite que los cuerpos y su campo energético se vayan hilando, haciendo también que el deseo de cada uno hacia el otro sea un estímulo de vitalidad, de salud, entre ambos. Esto sería muy importante entenderlo, no hay edad para perder el amplio abanico del contacto y el tacto, las caricias, son un extraordinario agente de salud física y psicológica, como demuestran numerosos estudios. La piel es el órgano más extenso y sensible del cuerpo humano y está directamente relacionada con el funcionamiento de nuestro corazón. De hecho, en este plano humano no hay nada que pueda superar a un buen abrazo, al abrazo del amor. Menos televisión y pantallas informativas y más escuchar, mirar, hablar, tocar, besar, abrazar... amar.

Afianzado el vínculo de los cuerpos, vamos sintiendo la necesidad también de cuidar al otro; nos encariñamos. Nos vamos extendiendo más allá de lo que llamaríamos la atracción, la pasión y el ligamen físico-vital. Empieza a tejerse otra dimensión más sutil, pero la más central e importante, eso sí, integrando al plano físico. El cuidado va embonando nuestros corazones y elevando la vibración de nuestro enamoramiento. Uno se va ocupando de hacer más llevadera no ya la relación en sí, sino la propia existencia de su amada o amado, eso es el cariño. Ya no solo se quiere y se piensa en estar con el otro, verlo, sentirlo, tocarlo, sino que surge el deseo de ayudarlo en su propio caminar, es decir, de cuidar, de hacer que su vida sea más plena, menos dolorosa. Cuando además de la atracción sientes en tu corazón la fuerza de cuidar de tu pareja,[*] quien hasta hace poco tiempo era un desconocido, como cuidarías de un miembro querido de tu familia, esa es la mejor señal de que tu amado está en tu corazón. Tratarás de ayudar a que su vida sea más completa en los mayores ámbitos posibles, sobre todo en esas áreas donde nuestro amado o amada trata de dar lo mejor de sí. Es desde este cuidado desde donde surge la colaboración, mucho más si ya se ha decidido convivir. Muchas convivencias se quiebran por falta de estas dos energías mencionadas: el cuidado y la colaboración. Muy buena señal esta de que tu corazón sienta las alegrías y desdichas de tu pareja como propias, muy buen síntoma, porque el cuidado y el cariño son el centro del amor humano, del amor de pareja, y la puerta al Buen Amor.

De igual manera, sabemos que cada uno de nosotros llegamos a la relación con nuestro particular pasado, con nuestros hábitos de vida, pero también de sentir y pensar. Por ello, es fundamental que reconozcamos en el otro su propia idiosincrasia, surgiendo así la comprensión hacia

---

[*] Parte de este escrito lo expuse en la boda de mi queridísima sobrina Deborah y su marido Tom, cuando ella me sugirió que les hablase del amor en pareja.

la amada o el amado. Sabemos que va a ser muy importante comprender su visión de la vida y hacerle saber la nuestra. Hay muchas parejas que con gran atracción y cariño quiebran a la hora de la convivencia, precisamente por no entender los ritmos y hábitos del otro. Será imprescindible hablar de todo, comunicarse y conectarse, hablar y expresar con la máxima valentía y sinceridad, confiando en la comprensión de nuestra pareja. Sabiendo que solo siendo completamente auténticos, encontraremos de verdad a aquel que debe acompañarnos. Solo mostrando con delicadeza, pero sin tapujos, tanto nuestra vulnerabilidad como nuestra fortaleza, así como nuestras certezas y nuestras dudas.

Iremos convergiendo en una manera de vivir en la que habrá que ceder y llegar a acuerdos para crear un «tercero relacional», que será más que la suma de los dos, y desde donde surjan las ganas de mirar la vida con cuatro ojos mejor que con dos, y realizar la vivencia del amor con dos cuerpos, dos corazones y dos mentes.

Estas tres actitudes —contacto, cuidado y comprensión— que son, en sí, las comunicaciones del plano físico, sentimental y mental, darán paso a una cuarta: la confianza. Sí, la total confianza en nuestra unión —esta es la energía clave de un buen vínculo—, confianza en sentir y saber que nuestros cuerpos, corazones y mentes se requieren, se enlazan, vivifican y se ayudan, confiando el uno en el otro. La suma de todas estas actitudes, en nuestros distintos planos de experiencia, es lo que se denomina «Amor completo». Esto nos hace sentir y crear un vínculo seguro, fuerte y estable para, así, juntos poder mantener el rumbo de una vida en común, con una potente unión ante las normales embestidas que la vida nos traerá. Sera además un seguro para algo tan difícil como es la convivencia.

Un día hablando con un alumno y amigo que se marchaba a vivir fuera de España por motivos laborales, me preguntó cuándo sabría si estaba realmente enamorado. Pregunta muy compleja, pero a los profesores nos gustan que nos pregunten y más cuando es sobre cuestiones profundas e importantes. Le dije que en amor humano, especialmente en las parejas, uno siente «el empoderamiento del enamorado». Este surge de esa confianza percibida y generada en la pareja —que a su vez proviene del contacto, el cuidado y la comprensión— que se recibe del uno hacia el otro. Ese empoderamiento activará o sacará la mejor versión de ti mismo y también de tu pareja. Te hará sentirte más seguro, optimista, capaz, más atractivo incluso, pero sobre todo te hará sentir mejor persona, le dije. Como si el encuentro en el amor con el otro se desplegasen todas estas potencialidades que muchas veces están adormecidas y el amor humano las hiciera despertar. «Aunque debes recordar, y esto es de suma importancia, que están ya en ti», añadí.

El amor de pareja enciende la motivación de vivir, es un extra de energía que te da la capacidad de intentar realizar tus sueños. Una persona con la motivación que produce el amor de pareja, es una persona ilusionada, entusiasmada.

Este amor de pareja, aunque tiene evidentemente unas características muy especiales, no es distinto del que uno siente por los miembros de la familia o por sus amigos. El sentimiento, el cauce, la expresión del amor evidentemente es muy parecida, pero precisamente la pareja de enamorados tiene dentro de estas expresiones unos códigos particulares (compañía, sexo, hogar, convivencia, familia, proyecto de vida...) que deben aún ser más cuidados.

Cuando alguna de estas fuerzas –contacto, cuidado, comprensión– no se ejercitan y actualizan, empezarán a aparecer vacíos que no se llenan y se empezará a agrietar la confianza en el vínculo. Comenzarán a surgir la incomunicación, la desconfianza y el alejamiento de cuerpos, corazones y mentes. Si no se «cosen» bien estas disrupciones y desencuentros, hasta cierto punto normales en el vivir –y que bien curadas, con comprensión, humildad y paciencia, crearán cicatrices que incluso robustecerán el vínculo–, si no se curan bien, si hay una falsa o débil cura, se terminarán generando desuniones, conflictos, aflicciones, dañando al final fuertemente o definitivamente la pareja. En el mundo de los enamorados no hay nada peor que sentirse solo estando acompañado, que sentirse incomunicado dentro de una relación y convivencia. Si no se curan bien las heridas, la pareja vivirá un tiempo en un vínculo ya inseguro. Lo acertado sería facilitar la normal salida a través de la ruptura, asumiendo y cuidando el «bagaje» labrado entre ambos. Seguirá un evidente y necesario tiempo de separación, duelo y reflexión, por supuesto, pero sin dramas, viéndolo como una nueva oportunidad para los dos. Quedando, entonces, el hilo de la familiaridad o la amistad. Recuerda: las crisis bien asumidas siempre son oportunidades.

Sin embargo, a veces, se opta por mantener un tipo de relación ya fallida, viviendo en desamor —craso error— con su correspondiente destemplanza sentimental y su repercusión en la salud y en nuestra conducta. Sí, el desamor enferma, y no solo a los que lo sienten, también a los que viven en esa atmosfera, sobre todo a los más sensibles. El desamor nos hace funcionar desde la ira o el abatimiento, erosionando nuestra autoestima. Quizás, se quiera mantener la relación por intereses ajenos a la naturaleza del «amor completo». Casi nunca ese ambiente permite un florecimiento adecuado en el Amor y termina desgastando y haciendo que la pareja involucione.

Hace tiempo, en un programa de radio, el periodista me hizo una pregunta de mucha enjundia, me dijo que expresase un deseo que pudiese ayudar a gestar un mundo mejor. «¡Menuda pregunta!», le dije, pero sin dudarlo le respondí: «que las parejas se amasen de verdad, que estuviesen bien enamoradas, que tuviesen un profundo y sincero amor, respeto y comprensión el uno por el otro, y que fuesen conscientes de la importancia y responsabilidad que es tener un hijo, si así lo decidiesen. Porque esos hogares serían ya "tierra fértil" para un desarrollo consciente de los seres que allí viviesen. Y eso, sin ninguna duda, traería más pronto que tarde un mundo mejor».

12

El inabarcable bosque de la existencia

Somos forma de vida, línea de vida y la Vida Misma simultáneamente.

En esta vida manifiesta, todo, pequeño o grande, está produciendo una acción, manteniendo una relación, recibiendo y generando una información y adquiriendo un grado de comprensión dentro del Todo.

Incluso lo que vemos como inerte, que pareciese no tener vida para nuestra percepción, al ser forma y parte de la creación está sujeto a estos mismos principios.

Como dijo el astrofísico Arthur Eddington: «La Existencia es una interacción de campos de campos en una danza o movimiento vibratorio en el que todo está interrelacionándose con todo».

Cuando no somos conscientes de esta interacción entre las distintas dimensiones de la vida y de nuestro propio lugar en ella, es fácil que caigamos en la sensación de estar perdidos y llenos de preguntas que no encuentran respuesta. La vida así se nos antoja extraña, vacía. Impulsándonos a agarrarnos a algo que amortigüe esa sensación de soledad e incomprensión.

Cuando le damos tanta fuerza a ese «amortiguador» ocurre lo que resumiría perfectamente el dicho popular «pan para hoy y hambre para mañana», ya que, al no ser la verdadera respuesta a nuestras preguntas, la pregunta vuelve a surgir. Eso hace que entremos en una actitud de alarma o estrés como si huyésemos o nos «tapásemos» (como cuando éramos pequeños ante algo que nos inquietaba) ante el misterio de la vida, como si mirásemos hacia otra parte, queriendo olvidar esas grandes preguntas que evolutivamente ya vienen con nosotros, ya están inscritas en nuestro interior. No es tarea fácil comprender la dinámica de existir, y también la de la aparente desaparición en la que se sumergen todas las formas, también la forma humana.

Si queremos profundizar en la vida, no podemos prescindir de tener una comprensión global de la Existencia y de nosotros como parte de ella.

Forma de Vida

Es evidente que eres forma de vida, es decir, tienes un cuerpo, el que sientes cuando experimentas placer y dolor, el que reconoces cuando te miras a un espejo, este que te permite percibir los cambios de los días y las noches, el transcurrir de las estaciones, ese que te permite experimentar los distintos lenguajes de la vida, respirar, nutrirte, caminar, hablar, abrazar, interrelacionarte con otras formas; seguro que lo reconoces. Y, en principio, estamos de acuerdo en que, efectivamente, eres o tienes un cuerpo.

Este cuerpo, animado por tu mente, tanto a nivel emotivo como cognitivo, con sus necesidades, demandas y deseos, también con sus afectos y saberes, guarda su historia experiencial, sus aprendizajes, sus relaciones, sus logros, sus satisfacciones y frustraciones. A todo ese movimiento de fuerzas y a sus tempranas interpretaciones lo llamas «yo» y ese yo responde con tu nombre. No nos costaría mucho convencer a alguien de que es forma de vida, y que esa forma de vida tiene su personalidad e idiosincrasia propia.

En el dominio de la Forma se tiende a crear una estructura francamente individualizada, centrovertida (como si fuese el centro de la vida) en la que dominaría yo, mí, me, lo mío..., y durante un tiempo, de hecho, es así. En los primeros años de nuestro desarrollo –como ya hemos resaltado– todos somos muy vulnerables y por ello dependientes, es lo que se denomina «la emergencia de la forma». Vivimos en una experiencia muy lineal, de estímulo y respuesta, de atracciones y aversiones, de admisiones y exclusiones; de vacíos que se tienen que llenar y llenos que se tienen que vaciar. Él niño, como hemos visto, tiene que desplegar sus fuerzas adaptativas para poder salir adelante en esta vida.

Manolo Franco llamaba «el borriquito» al ego, a nuestro cuerpo-mente más atrapado en la densidad de la forma y en sus programas de manifestación y aprendizaje (instintos, costumbres, creencias...). Advertía que el ego no es el problema si lo sabes guiar, entender y cuidar. Hay muchas imágenes simbólicas en antiguas tradiciones de esa relación de comprensión guía y cariño hacia nuestra forma y nombre. Jesús entró en Jerusalén «celeste» sentado en su borriquito «terrestre».

Línea de Vida

También sabemos que compartimos la vida, que nos «hacemos más» en nuestra relación con los otros, como hemos visto en capítulos anteriores.

Volviendo al desarrollo del niño, es la aparición de un tercero (más allá del binomio madre-hijo) lo que le saca de ese estado ilusorio donde la vida pareciese orbitar alrededor de sí mismo.

Por lo tanto, en un desarrollo adecuado nos damos cuenta de que además de ser un cuerpo y un nombre, somos hijos, hermanos, nietos, sobrinos, primos, parejas, cuñados, padres, tíos, suegros, abuelos, amigos, alumnos, profesionales, compañeros de trabajo, vecinos, residentes de una aldea o ciudad, ciudadanos de un país, habitantes de la Tierra; unidades sintientes y pensantes de la Humanidad.

Saber que, además de forma y nombre, somos línea o rama de vida nos abre a un movimiento sentido de interacción y cooperación con otros seres y con diversos ámbitos de experiencia. Nos conecta en una relación o red mucho más extensa y abierta con los «otros». Nos permite dar el paso de lo personal a lo interpersonal. Siempre, como en el buen crecimiento, integrando nuestra forma de vida en nuestra línea de vida. Los astrónomos, a través de los telescopios más modernos van profundizando en la comprensión del Universo, viendo que la Existencia se manifiesta también en líneas, en hilos, redes, de millones de galaxias.

Este yo interpersonal, de participación afectiva y social, crea un campo vibracional y relacional mucho más amplio que también yo soy. La mente no está ya tan determinada y dominada por la mente más superficial, con emociones muy lineales, fuertemente duales y compulsivas, típicas de nuestra naturaleza más instintiva y de nuestra construcción egótica. Este yo de madurez relacional es lo que conforma tu fuerza, tu línea de vida. En esa red de conexiones, de ampliación de ti mismo, es donde se generan espacios de relación y cooperación, y donde se activan sentimientos más inclusivos, de bondad, respeto, compasión, ayuda, solidaridad..., así como una mirada nueva de más Consciencia y cuidado hacia el propio hábitat donde nuestra vida se desarrolla.

Ya nuestra energía no se «gasta» cada día en «mirarnos el ombligo», en intentar sacar adelante nuestros deseos y engordar nuestra importancia personal, sino en cuidar algo más grande, a lo que ya pertenecemos, nuestra línea de vida. Sintiéndonos cauce, llenándonos de afecto y compromiso, dos energías que empezarán a ser claves en nuestro desarrollo.

Le preguntaron a Freud cómo definiría la cordura en un ser humano, de manera clara y contundente dijo: «tener capacidad de amar y trabajar». Es decir, ser capaz de construir relaciones, vínculos consistentes, tanto afectivos como sociales.

En este estadio ya no pedimos, sino que compartimos, damos, pero de manera natural como un árbol da frutos, frescor o sombra, cuando su evolución o crecimiento se ha hecho adecuadamente y ha alcanzado su madurez.

De manera natural y verdadera, no como en algunas proclamas religiosas que parecen proponer hacernos los «buenos» con los otros para conseguir una mejor imagen aquí o ganancias en el más allá; una mejor parcela en el cielo. Eso es utilizar a los otros para obtener un beneficio, por ahí solo te pierdes y vuelves a dar vueltas sobre ti mismo, sin salir de la órbita de influencia de lo personal.

Teniendo ya nuestro sentimiento y pensamiento más gravitados en ese yo de participación afectiva y social, será mucho más sencillo ampliarnos de lo denso a lo sutil. *El espacio interpersonal es la mejor vacuna para las derivas narcisistas y egotistas del yo personal.*

La vida misma

Dar el siguiente salto de inclusión y pasar de lo interpersonal a lo transpersonal, de lo sutil a lo espacioso (espiritual), te parecerá mucho más natural, aunque produzca un cierto vértigo.

Te parecerá natural porque a medida que nos vamos volviendo inclusivos, nos es más fácil percibir que formamos parte de la vida misma. Es decir, en el momento en que tú te abres al todo, tu experiencia se irá enriqueciendo, llenando de comprensión, hasta descubrir que nunca habías estado separado de la vida, porque más bien eres la propia vida.

El paso desde un yo egótico, centrado en la forma, hacía el yo interpersonal es más complicado que la ampliación del yo interpersonal hacía el yo transpersonal. Es así porque se pasa de tomar o pedir a la vida (típico del ego), a compartir y dar, a ser cauce de vida. Es un cambio profundo, estremecedor, pero también totalmente natural, cuando no se fuerza y es acompañado del amor que brota cuando uno es consciente. Cayetano que siempre usaba la analogía en sus explicaciones decía: «a una semilla le "duele" y "asusta" su viaje evolutivo hacia ser planta o flor».

Cuando empezamos a sentir el paso de la consecución personal a la dedicación relacional, justo ahí se produce el cambio de influjo, ahí se «escapa» del tirón gravitatorio del plano masa-materia. Entonces nuestros afectos y nuestra participación social nos expanden y nos hacen sentirnos parte de algo mayor, de los «nuestros», al principio los más próximos, pero luego también parte de nuestra propia comunidad y de la Humanidad misma. Entonces, en una continuada y natural ampliación, lo sutil se enlaza en lo Espacioso (nunca estuvieron separados) y vamos descubriendo que también somos la Vida Misma. Estamos conectados con la propia fuente de la manifestación que también Somos.

En esta forma humana está la semilla de la propia creación. Se la ha llamado de distintos nombres, *Atman* en el hinduismo, *Ruah* en el judaísmo, Espíritu en el cristianismo. Refiriéndose al intemporal Ser sostenedor de todo lo existente, auténtico centro e identidad de todas nuestras dimensiones. Según distintas tradiciones espirituales este proceso de ampliación de los distintos ámbitos del ser humano se tendría que dar ya de manera natural en nosotros para poder «elevar» la comprensión evolutiva de la propia Humanidad.

Nuestra vida —y por lo tanto también estas tres dimensiones del yo que hemos estado viendo— la podríamos dividir en tres etapas cronológicas (algunas tradiciones en Oriente indican cuatro). Se ha podido observar que estos tiempos se dan con una cierta normalidad cuando la vida va transcurriendo adecuadamente, aunque la comprensión profunda de nuestra realidad pueda acontecer en cualquier momento.

Primera etapa. Es la personal, también llamada de «emergencia de la forma». Cuando somos niños, jóvenes, incluso adultos, debemos sacar adelante nuestra particularidad, es lo que toca, por así decirlo, la biología empuja, manda. Además, es el tiempo de construir nuestra personalidad, aventurarnos en el vivir. Poder desarrollar nuestra potencialidad de vida es fundamental para poder adentrarnos en esta experiencia, en este vector de existencia que llamamos vida humana. Es el tiempo de vivir nuestra individualidad. Nos sentimos muy impulsados emocionalmente por el deseo del logro, que cuando está muy magnificado siempre viene acompañado de su cara oculta: el temor al fracaso. Es una época muy egocéntrica donde todo parece que debería girar alrededor de uno. También es una época marcada por el dinamismo del propio aprendizaje vital. La mente más primaria o superficial adquiere aquí su máxima utilidad, nos proyecta al mundo a la vez que nos permite entenderlo. Este tiempo no debería durar más allá de la madurez, que algunas tradiciones sitúan alrededor de los cuarenta-cuarenta y cinco años.

Segunda etapa. El siguiente tramo de vida (interpersonal) iría de los cuarenta-cuarenta y cinco a los ochenta-ochenta y cinco, más o menos. Sería la época de rama o línea de vida. En ella, la atención está más puesta en labrar una posición adecuada, para ya desde ella poder tejer mejor los vínculos afectivos y sociales. Nos sentimos más como fuerza y proyecto, estamos ya más centrados en los cercanos primero y, luego, por la apertura e Inclusividad de nuestros sentimientos, en los otros también, es decir, en nuestra acción de vida. Esta etapa surge de manera natural cuando la etapa anterior está consolidada, porque fue vivida con una cierta coherencia y plenitud. Es un tiempo en el que nos abrimos a un espacio de menor densidad, de menor anclaje en la dimensión material.

Tercera etapa. Este tramo de nuestra vida se llama transpersonal, trascendental o de recogimiento en la Fuente. Iría de los ochenta-ochenta y cinco al momento de dejar el cuerpo físico y abandonar esta experiencia de vida. Después de la primera etapa de demanda y consolidación, de la segunda de madurez y de expansión, es esta tercera etapa de recogimiento la que anticipa la transformación, se sabe que nuestra forma alimentará «el bosque de la existencia». En esta etapa uno debería comprender y experimentar, ya, que es también la Vida Misma.

Es una etapa donde uno se va alejando de la densidad de la forma y del dinamismo de la línea de vida. Ya no es tiempo de pedir, ni de dar, es tiempo de darse. Uno aprende a percibir, si entra «con buen pie» en este periodo, lo silencioso, lo espacioso. Sintiéndolo, saboreándolo, descubriendo que es la otra cara de lo manifiesto, empezando a comprender que «eso» también es la Vida, es Él.

En esta tercera etapa, normalmente nos encontraremos con lo que es la vejez, nada fácil de llevar, y es muy importante comprenderla. Ver como el proceso de disminución y eficacia en el movimiento, el deterioro perceptivo y cognitivo, te van llevando hacia tu centro, a tus niveles más causales, de mayor Quietud. Vivido con aceptación y Atención, traerá una cierta lucidez, y el «viaje» será sorprendente y grandioso. También en esta etapa puede aparecer la enfermedad y, con ella, el aprender a relacionarnos con el dolor para evitar que este cree un yo sufriente. Podrá ser, además, un tiempo de dependencia, volvemos a ser como niños, el círculo se cierra. Acompañados de la humildad no tendría que ser traumático, y deberíamos comprender que estamos preparados para abandonar este vehículo planetario denso: nuestro cuerpo. Dejándose ayudar, cuidar, pero participando con entusiasmo en los círculos y asuntos en que se esté implicado. Irradiando presencia, en comunión con cada momento, sirviendo cuando se es demandado con consejos y apaciguamiento traídos de la experiencia. Esa era antiguamente la función principal de los mayores, de los «consejos de ancianos»: estar, Ser, Pero ya no reclamando el protagonismo, sino aprendiendo a replegarse, a hacerse silencioso, invisible, luminoso.

Estos tres ciclos son orientativos, aunque aparecen reflejados en diversas y antiguas tradiciones. Tienen que ver con un propio proceso evolutivo en la forma humana y, evidentemente, son etapas que se sostienen y permean entre sí. Ha habido, habrá y hay seres que, con un breve tiempo cronológico, habrán «andado» todas las etapas. Con la propia evolución del planeta Tierra y de la Humanidad estas irán cambiando, ampliándose.

¿Qué ocurre? Como muy bien apunta Alejandro Jodorowski, nos encontramos con personas de cuarenta a ochenta y cinco años —y más— que viven aún dominadas por su mente infantil o superficial. Es como si se hubiesen quedado bloqueadas en la primera etapa, siendo esto un gran problema que está viviendo la Humanidad, aunque era una de las posibilidades dentro de su evolución.

Bien, vayamos de lo aparentemente evidente a la analogía. Imagínate que tuvieses la visión de un cóndor, el pájaro guía de algunas experiencias chamánicas, o siendo un poco más tecnológico, que divisásemos a través de un satélite de altísima capacidad y resolución un «bosque» prácticamente inabarcable... Imagínalo. Es «el bosque de la Existencia». Desde tu privilegiada visión ves un árbol que, por así decirlo, reclama tu atención. Es el «Árbol de la Humanidad», inmenso, profundamente frondoso, su copa se pierde fundiéndose con el cielo, su amplitud es inconmensurable, siendo, sin embargo, tan solo una mota en el infinito e inabarcable bosque de la Existencia. Como la Tierra es una mota en el infinito Universo. Desde tu visión aérea, acercando tu mirar, te fijas en una preciosa hoja que parece haber brotado hace poco a la vida y que está abrumada ante lo nuevo y hacia todas las experiencias que la aguardan. Ella siente la compañía de muchísimas hojas a su alrededor que han brotado —como ella— de una preciosa rama, su línea-madre de vida, la que le transmite la savia que la alimenta. Esta, a su vez, es una rama de las múltiples divisiones de una gran rama que forma parte de un abanico incontable de grandes ramas, de este inmenso árbol llamado Humanidad.

La hoja se sabe forma de vida, con sus propias particularidades y con el propio submundo que la acoge. Recién nacida a la vida quizás no se da cuenta de que es una expresión de la energía de la rama; es un tiempo de recibir, de asentar energías, de experimentar su vida. Su rama madre, es solo una de las muchas subdivisiones o extensiones de una gran rama, que es como su familia o linaje y que está alimentada, a su vez, por la propia fuerza del árbol. Este árbol –que representa a la Humanidad– es nutrido por energías sutiles que proceden de otros lugares del «inabarcable bosque la Existencia». Como la Humanidad es nutrida por la tierra y el cielo. Esa hoja –como tú– es una con el árbol de la Humanidad y forma parte de la inabarcable Existencia. A su vez, su manifestación es posible por el «contacto» con la Espaciosidad infinita que la acoge y sostiene. Conformando ambas la Totalidad Misma.

Esta hoja, esta rama, este árbol se parecen a ti, es una holarquía (sistema de partes integradas), como tu cuerpo, tu sutilidad anímica que mueve y guía al cuerpo, y que son temporales manifestaciones de la Existencia, en la intemporal Espaciosidad y Luminosidad que también tú Eres.

Cuando llegue su momento, esta hoja caerá (confiando, dejándose caer) para nutrir al bosque entero, en un continuo reciclaje del mundo material del bosque. Igual que cuando llegue la muerte a tu cuerpo, mudarás de lo denso a lo sutil. La forma-materia volverá a la dimensión material, para readaptarla. Comenzará en la dimensión anímica, ya sin «ropaje» un proceso de retorno hacia la Totalidad Misma, a abrazar el misterio, a tu mundo madre donde eres un foco (como un pixel de una infinita pantalla) de consciencia y energía en Sí. En ese proceso, inverso al de la manifestación, iras comprendiendo y «visitando» las líneas de sutilidad que te sostenían como forma, es ahí donde te encuentras con seres queridos o de relevancia espiritual para ti, hasta ir continuando a ser uno con la Totalidad Misma. Si utilizásemos de nuevo la analogía es un proceso muy similar al de dormirse, donde lo primero que hacemos es soltar las preocupaciones que tenemos en la dimensión material, para después experimentar en el plano sutil onírico y luego sumergirnos en los espacios de sueño profundo donde hay ausencia de actividad física y onírica, y luego despertar.

En este proceso de cambio llamado muerte, Cayetano recalcaba dos cosas fundamentales: «primero, soltarse del plano masa-materia, deja de *empujar* aquí, de hacer aquí, cuando vas notando que te estás adentrando en tu momento de dejar esta vida. Segundo, date cuenta de que te has muerto, observa entonces dónde te va llevando la luz de tu Conocer, que *asciende* hacia su centro de manifestación. La primera prepara para la segunda». Esos dos hechos son los que se fomentaban fundamentalmente cuando se acompañaba o se guiaba a una persona ya cercana a su muerte, para que experimentara una «muerte lúcida». Cuando ocurre un accidente o una muerte súbita este proceso necesita de un tiempo de readaptación, que se da de manera natural, y que puede ser ayudado cuando los seres queridos son conscientes de la importancia del proceso que llamamos velatorio.

Para ello también será importante por supuesto haber vivido lo más plena y conscientemente esta vida, es decir, tus tiempos de forma de vida (personal) y de línea de vida (interpersonal), y después aprovechar la última fase (transpersonal) para saber mirar a la muerte, para saber soltarte, para adentrarte en otros niveles de Ti. Para «luego» en este «juego» de lo Supremo y en un tiempo fuera del Tiempo, volver a pulsar y a manifestar según el nivel de comprensión y de sentimiento, que unidos dan el índice de vibración de cada manifestación, adentrándose de nuevo a existir (posicionarse fuera). Todo lo que se manifiesta, tiene causas y condiciones «detrás» que hacen que se manifieste tal y como lo hace. Formando parte de un ciclo de manifestación donde cualquier expresión de vida aparece, crece, alcanza su cenit, decae y cesa..., para volver a formar parte de un nuevo ciclo. Esto sería fácilmente comprensible si nuestra mente occidental no se hubiese vuelto tan lineal. *En este «Gran Contenedor de Vida» que es la Existencia, nada se pierde y, sí, todo se transforma.* Evidentemente no «vuelve» la persona, con su forma y nombre, solo está siempre Lo que Es, la Totalidad Misma, como unidades de Consciencia más Existencia. Estas se expresan a través de sus líneas de manifestación y crean nuevas formas de vida que, según su nivel de comprensión, tienen o no «recuerdo de Sí», el sentir de su Yo Soy en el centro de la nueva forma. A veces este proceso sucede con acceso o conexión a una «línea de recuerdos» almacenada en su dimensión causal. Haciendo, en un proceso sin tiempo, que la Creación viva conscientemente su origen en el Creador.

Recuerda, eres forma de vida, línea de vida y la Vida Misma, simultáneamente.

13

Para ti

Voy a dejarte una práctica preliminar y cinco prácticas de Atención Consciente para que las realices cuando te parezca. Puedes hacerlo tanto cuando tu estado anímico este más perturbado o revuelto como cuando te encuentres francamente bien. Estas prácticas favorecen (si tienen el adecuado enfoque del que hablamos en el capítulo dedicado a la meditación) el equilibrio en nuestro campo psicofísico. También nos ayudarán a la recuperación perceptiva de la profundidad que sostiene la vida, como la de tu propia profundidad intemporal, tan fácilmente perdidas cuando asumimos como verdades las tres grandes mentiras explicadas en el capítulo cinco.

Aunque ahora no te detengas en alguna de las prácticas, puedes leer este capítulo como uno más y dejar que la lectura resuene en tu sentir.

Duración de las prácticas: de 15 a 45 minutos es un tiempo idóneo.

Preparación: busca un lugar en el que sepas que puedes estar solo sin ser interrumpido. Si el lugar tiene ventilación natural y es medianamente tranquilo, mejor que mejor, si no es así no te preocupes, confía en tu capacidad adaptativa, que es signo de inteligencia.

Mejor no llevar ropa ajustada o incómoda, es fundamental que te sientas a gusto, sin frío ni calor. Si tuvieses una tela de meditación de lana o algodón, según sea la estación del año, perfecto. Es mejor no llevar anillos, pulseras o colgantes, especialmente si están demasiado prietos o son pesados, déjalos, junto con el reloj y el teléfono móvil apagado, en cualquier lugar que tu consideres (luego recuerda recogerlos).

Trata de encontrar una postura cómoda, agradable en una silla, cojín o banquito de meditación. Es importante que te percibas estable, sintiendo tu eje cráneo-sacro. Que notes que el cuerpo descansa bien sobre su base pélvica (polo terrestre), la posición centrada de tu cabeza (polo celeste) te ayudará a conseguirlo. Siente que tu pecho (polo humano), que mira al frente, está relajado pero no hundido. Con tu punto de vigor, pero cómodo, para que puedas permanecer lo más quieto posible, siempre sin forzar, natural, sin exigencias. Si tienes que moverte hazlo cuantas veces necesites, pero para luego volver a permanecer quieto. La quietud es un facilitador de la práctica. Descansa las manos en las rodillas o una sobre otra en tu regazo (las manos apoyadas y descansadas ayudarán a relajar tus brazos y hombros). Siente cómo las escápulas descansan en su base. El cuello cómodo, ni contraído ni demasiado estirado. La cabeza centrada, que no esté ladeada, girada, demasiado hacia atrás o hacia delante. Relaja la zona de tus ingles, glúteos y suelo pélvico, para que percibas que tus piernas y pies están cómodos. Siente distendida la boca de tu estómago (el plexo solar). Suaviza el gesto del rostro, afloja la mandíbula de forma que los dientes no estén en contacto. Que los ojos, el entrecejo y la frente no estén tensos. Ojos relajados, mejor cerrados, y si no, entreabiertos descansando la mirada en el suelo o en un lugar más bajo que tus ojos, un metro más o menos por delante de ti. Si por alguna condición tienes que estar en cama, no hay problema, acomódate de tal forma, que tu cabeza y tronco queden por encima de la pelvis y las piernas.

La respiración, tanto la inspiración como la espiración, a poder ser nasal, la nariz es la puerta natural de la respiración. Si no pudieses, ve adaptando la práctica a tus circunstancias. La respiración natural es la llamada abdominal o diafragmática. Es abdominal, ya que la pared del abdomen sale expandiéndose como inflándose suavemente al inspirar (sin exagerar o dilatar el abdomen), y al espirar, entra ligeramente, relajándose, como desinflándose (de manera natural, sin exagerar); y es diafragmática, porque este músculo membranoso se convierte en el gran impulsor de la respiración (al inspirar, el diafragma se contrae y baja, al espirar, el diafragma se relaja y sube). Pero si tu respiración tuviese otra costumbre o estuviese afectada por cualquier circunstancia, adáptate al principio a tus posibilidades, luego la práctica irá favoreciendo una respiración más natural. En la meditación, la respiración es un punto de apoyo y referencia, pero recuerda, no hay que competir, forzar ni evaluar ya que no estamos realizando ningún ejercicio respiratorio. Trata de respirar amablemente, suavemente.

Comprueba que todo tu gesto corporal esté distendido, cómodo, suelto. Estás «abierto» a este momento, interesado en él. Siente que tu audición se abre al momento presente, como si se afinase tu escucha. Tu cuerpo se abre al espacio que te rodea, como si te quisieses rozar con él, siéntelo. Recuerda que la piel no es ninguna frontera, sino una «membrana permeable» a la vida. Ten la sensación de estar poniendo el fonendo —ese aparato que utilizan los médicos para escuchar el interior del cuerpo— a este mismo momento, en una «escucha sentida».

Trata de ser natural, no forzarte, exigirte ni agobiarte por como acontece tu práctica. No vamos detrás de ningún objetivo, recompensa o logro. Confía en tu manera de ir investigando, practicando. Cada vez que practiques, eso sí, sentirás más fluidez y naturalidad al realizarla.

SALIDA DE LA PRÁCTICA

Trata de mantener esta pequeña «pauta de salida»:

Cuando des por terminada tu práctica, haz que tu atención de nuevo se interese y enfoque en tu postura corporal. Siente el eje cráneo-sacro, es decir, tu relación pelvis-cabeza, tómate unos segundos. Luego haz tres o cuatro respiraciones un poco más amplias, como cuando uno huele algo que le agrada. Después ve abriendo los ojos y moviéndote poco a poco, tomándote unos segundos para el asentamiento de tu práctica meditativa.

Recuerda siempre cerrar con esta pauta cuando decidas dar por terminada cualquiera de tus prácticas.

No dudes en leer una segunda vez tranquilamente esta preparación antes de comenzar cualquiera de las prácticas.

Importante: Para la buena realización de estas prácticas solo necesitas resaltar el objeto de tu Atención, relajadamente acompañarlo con tu Atención, sin ningún tipo de intervención. No necesitamos un entorno ideal, será el que sea. De igual manera no pretendamos un interior ideal, nuestro cuerpo y mente cada día estarán diferentes, es normal.

~ Práctica preliminar ~

Siente que estás bien preparado, tómate tu tiempo.

Te voy a indicar un ejercicio de recuerdos para afinar la luz de la atención. Si lo haces por la mañana al levantarte consistirá en ver, de una manera atenta y sosegada, «cómo» fueron tus comidas principales de ayer (cena, almuerzo y desayuno). Si la práctica la haces por la tarde —por ejemplo, antes de cenar—, podrías incluir el almuerzo y el desayuno de ese mismo día y las tres comidas del día anterior. Siempre siguiendo el orden de la más cercana a la más lejana.

Yo te lo voy a indicar como si la práctica de atención consciente la hicieses hoy por la mañana después de levantarte y antes de desayunar. Te haré una serie de preguntas (seis) para que tú ilumines bien el recuerdo de esos momentos.

Estás cómodo y bien preparado. Piensa en la cena de ayer.

1. ¿Dónde cenaste? ¿Cuál fue el lugar? Es decir, sé consciente del espacio donde cenaste, ya fuera en tu casa o fuera de esta.

2. ¿Con quién cenaste? ¿Estabas solo o había varias personas? Trata de ver quién estaba a tu derecha, a tu izquierda o enfrente. Si después de unos segundos estás en blanco te puedes inventar la distribución de las personas, dejando que esa inventiva ocupe las «lagunas» que pudiesen aparecer con esta o con cualquiera de las preguntas. También la imaginación activa nuestra memoria.

3. ¿Cuál era tu posición en esa cena? No solo si estabas sentado o de pie, sino también tu posición

respecto a los puntos cardinales (ya sabes: norte, sur, este, oeste). No creas que es tan difícil, para situarte, piensa en una dirección, por ejemplo, por donde sale o se esconde el sol, o dónde está el norte en el lugar donde cenaste. Si surge alguna laguna, recuerda que te lo puedes inventar, sin ningún problema.

4. ¿Qué alimentos sólidos comiste en esa cena de ayer? Trata de verlo... Incluso de sentirlo.

5. ¿Qué bebidas acompañaron a los alimentos sólidos?

6. ¿Hubo alguna alteración emotiva? Por ejemplo, tal vez surgió un desencuentro, noticia o simplemente el recuerdo de algo, que marcase emotivamente ese momento.

Estas preguntas te las harás también sobre el almuerzo del día de ayer y el desayuno, si estás revisando las comidas principales de ayer, pero recuerda que si tu práctica la hicieses a otra hora puedes incluir las de hoy y las de ayer. Todo de una manera sosegada, como un juego de atención, que es lo que es, sin dar cabida a las prisas ni a las exigencias.

Cuando des por terminada esta práctica, y para cualquier otra, recuerda la pauta de salida.

Repercusión de esta práctica en tu vida cotidiana: no solo te ayudará a estimular tu memoria, especialmente la de a corto plazo, que es tan importante para nuestro día a día, también te hará consciente de tu alimentación y de tu manera de «estar» en ella, así como de tus interrelaciones y ritmo de vida.

- Práctica 1 -

Siente que estás bien preparado, tómate un tiempo.

Te voy a proponer un ejercicio mental, asociado con tu respiración sobre el que tienes que posar tu Atención. Es una práctica muy valorada por los monjes budistas y muy adecuada para aquellas personas de excesivo parloteo mental, tendentes a sumergirse en el tiempo, reviviendo recuerdos, o viviendo proyecciones en el futuro.

Vas a llevar una cuenta mental, del 1 al 21 y del 21 al 1. Esta cuenta va asociada a tu respiración (recuerda nasal). De tal manera que durante la inspiración estás en silencio y al espirar, mentalmente repites el número de tu cuenta, y si ves que te ayuda, lo visualizas delante de ti imaginariamente. Comenzando por supuesto por el 1 y continuando hasta el 21, cuando llegues al 21, la cuenta se vuelve descendente hacia el 1, y cuando llegas al 1 vuelves a repetir este recorrido de Atención hacia el 21 de nuevo, durante el tiempo que tú decidas (recuerda de 15 a 45 minutos es idóneo). Solo hay una regla: si te distraes ya sea con la mente, el cuerpo, el ambiente, etc., y dudas por dónde iba tu cuenta, deberás comenzar desde el 1 (da igual si estabas subiendo al 21 o bajando al 1). Sin embargo, si te distraes un momento, pero recuerdas bien por dónde llevabas tu cuenta, entonces sigues tranquilamente con ella. Por supuesto, cuanto más practiques menos te despistarás. Cuando veas que puedes hacer tres vueltas (tres subidas y bajadas) sin distracciones ni interrupciones, será una buena señal del progreso en tu práctica.

Repercusión de esta práctica en tu vida cotidiana: tu Atención está alumbrando una tarea que tú mismo te has impuesto. Esto te ayudará en cualquier actividad que realices luego en tu quehacer cotidiano, resaltando las propias características de esa tarea, sin especular tanto en cómo saldrá o cómo se dio en el pasado, sin distraerte con otro pensamiento que apunte lejos de este «aquí y ahora». Alumbrando la tarea que tú te has comprometido a hacer. Es una práctica sencilla, muy poderosa y con gran repercusión en nuestra vida.

~ Práctica 2 ~

Siente que estás bien preparado, tómate un tiempo.

Comienza a llevar el foco de tu Atención a los ruidos y sonidos que llegan a tu audición. Las formas sonoras son el objeto de tu Atención ahora. Da igual si llegan de la calle, del edificio donde te encuentras, de tu casa o de la sala en la que estás en este momento. Te vuelves un testigo de cómo las formas sonoras llegan a tu audición. Es indiferente si tu mente cataloga estas formas sonoras de agradables, desagradables o neutras. Da igual si reconoces o no reconoces su fuente, si son bien evidentes o más difusas, si duran muy poco o permanecen más tiempo, si hay momentos de un solo sonido, varios o la ausencia de estos. Deja que las formas sonoras transcurran libremente, que cambien cuando y como quieran. Permite que este momento presente se despliegue como quiera y permanece atento a sus formas sonoras. Como si tu Atención se volviese una grabadora de alta precisión que solo recoge la «banda sonora» de este momento. Si la mente parlanchina reclama la luz de tu Atención (que lo hará), tómalo como algo muy normal, no solo ocurre en ti, no es una cuestión personal, le ocurre a la mayoría de los seres humanos. Permite que las reacciones mentales surjan y tú sigue en tu escucha sentida.

Cada forma sonora llega, está, cambia, cesa y, luego, otra forma sonora llega, está, cambia y cesa. Es su naturaleza, más allá de su duración en el tiempo. Los sonidos cambian, tu Consciencia permanece.

Habrá momentos donde se agrupen distintas formas sonoras, otros donde transcurran más «calmadas» y nítidas, como dejando ver el espacio silencioso donde transcurren. También momentos de silencio o de ausencia de formas sonoras. Tú, dándote cuenta de todos los cambios sonoros, sigues relajadamente enfocado en tu práctica. Insisto, la mente a veces calificará o reaccionará ante determinados sonidos, intentando que empieces a atenderla más a ella y no al objeto de tu atención: la atmósfera sonora de este momento.

Repercusión de esta práctica en tu vida cotidiana: de igual manera que en la práctica que acabas de realizar te permites estar abierto al transcurrir de la vida (en este caso de las formas sonoras), en tu día a día, verás que llegan a ti distintas formas de vida. Nuestra actitud debería ser de acogida y respeto, la misma que en tu práctica sentada, en quietud. Solo que ahora llegarán a nuestro conocer distintas formas vitales, personas con las que nos relacionamos, que emiten formas sonoras en sus palabras, juicios, alabanzas o incluso críticas, cada una con su propia sonoridad emocional. Si mantienes la apertura y actitud meditativa y no te sumerges en las reacciones primeras de la mente, tu respuesta será impecable, entendiendo por esta cualidad tu capacidad de responder con respeto hacia el otro, con respeto hacia ti mismo. Ya lo verás, porque al acoger sencillamente a las formas que la vida te trae, por extrañas que parezcan, tu repuesta —que no reacción— surge del centro de tu propio Ser.

- Práctica 3 -

Siente que estás bien preparado, tómate un tiempo.

Entre la diversidad de contenidos que tiene este momento presente, (la meditación siempre tiene que ver con mirar algo que sucede en este momento) vamos a atender ahora a la respiración.

Trata de observar y comprobar el efecto neumático que la respiración produce en tu cuerpo. Céntrate tranquilamente en sentir cómo el aire viene y cómo, a través de las fosas nasales, entra en tu cuerpo y *lo bien recibes*. Observa y siente cómo tu cuerpo hace espacio a ese aire, ampliando, inflando tu cavidad abdominal o tu cavidad torácica según sea tu hábito respiratorio. Cuando tu cuerpo tiene ganas de espirar atiende como el aire sale por tus fosas nasales, se va y *lo bien despides*. Observa y siente cómo el cuerpo se recoge o desinfla. El objeto de tu Atención para generar un estado de Presencia son la sensación de ampliación o inflado que se produce en tu cuerpo durante la inspiración y la sensación de recogimiento o desinflado que se produce en tu cuerpo durante la espiración.

Observa cómo surge el impulso de inspirar clara y cómodamente cuando el aire entra y cómo se desarrolla el «llenado» o inflado de tu cuerpo. Cuando el aire llena tus pulmones. Siéntelo. Pon ahí tu Atención confiando en tu manera de adecuarte a la práctica. Llegan las ganas de espirar siente el impulso de vaciado, acompaña con tu Atención cómo se desarrolla y se siente en tu cuerpo, cómo este se recoge o desinfla cuando los pulmones se vacían cuando el aire sale. Todo debe ser muy natural, da igual si esa sensación es muy sentida o poco, estará, ya verás, y tú la podrás atender y sentir. Da igual si tus respiraciones a veces son fluidas y profundas o más cortas y rápidas. La Atención está en tu cuerpo y comprobarás y sentirás que tu cuerpo se amplía o se infla cuando el aire viene y que el cuerpo se recoge o se desinfla cuando el aire se va. De hecho, iras notando el efecto neumático de la respiración en todo el cuerpo. Al inspirar hay un movimiento de ampliación, de expansión de dentro del cuerpo hacia fuera —como más allá de la piel— y cómo al espirar hay un movimiento de recogimiento, de relajación, de fuera hacia dentro del cuerpo. Siente cómo esa sensación se asemeja a un movimiento neumático de inflado y desinflado, o también al movimiento ondulatorio de subida y bajada del mar. Trata de sentirte encima de la respiración, como si estuvieses sentado en el mar en una pequeña tabla o flotador; al inspirar, la marea sube, al espirar, baja. Al inspirar, tu cuerpo energético y tu cuerpo físico se expanden, al espirar, se recogen. Estás en la respiración, eres la respiración.

Cuando vayas realizando esta práctica con cierta periodicidad —y es bueno ir poco a poco y darte un tiempo razonable— será bueno adentrarse en otra práctica que es una extensión natural de esta.

En esta ocasión vamos a observar que la respiración tiene cuatro tiempos respiratorios: inspiración, pausa en lleno, espiración y pausa en vacío, sintiendo en ese oleaje los cuatro tiempos. Igual que antes observábamos el aire entrar y salir, haciendo de la sensación neumática del llenado y vaciado el objeto de la Atención, incluimos ahora la pausa en lleno y la pausa en vacío. Acompañando la sensación que produce cada tiempo, sintiéndolo, observándolo, no distrayéndonos en las calificaciones o proyecciones mentales. Ni evaluamos ni analizamos. Recuerda, no es un ejercicio de respiración sino de Presencia en la respiración.

Las pausas en lleno y vacío se sentirán mejor después de un tiempo de práctica solo atendiendo a la sensación que inspirar y espirar producen en tu cuerpo. No tengas prisa, como dice el refrán, «no por mucho madrugar amanece más temprano». Cuando ya pases a atender y sentir la pausa en lleno después de inspirar y la pausa en vacío después de espirar, es muy importante que comprendas que no hay nada que forzar. Lo que nos interesa es la cualidad –la sensación sentida–, no la cantidad de tiempo en retención. Estas pausas deben ser cómodas, naturales (debe parecerse a estar meciéndote en el mar), que notes que no espiras o inspiras después de ellas con demasiadas ganas o con un cierto agobio. Eso sería una señal de que estás forzando y no comprendiendo la práctica. Confía en tu adaptación. Todo normal, cómodo y natural.

Repercusión de esta práctica en tu vida cotidiana: te va a ayudar, además de en la mejora de tu respiración, en comprender los cuatro tiempos de todo lo manifestado. Nuestra vida, la vida de una planta, de una emoción, de un planeta, etc. Toda creación tiene un comienzo, su desarrollo y un tiempo de plenitud. Luego un comienzo de recogimiento, el propio proceso de recogimiento y un final, un tiempo de cesación o pausa. Y, tras ello, comienza un nuevo ciclo. Toda la actividad manifiesta puede ser entendida dentro de estos tiempos. Los tiempos de una respiración duran unos segundos, los tiempos de una vida duran normalmente unos años, los tiempos de una galaxia duran millones de años. Darte cuenta de que todo cambia, pasa, de que todo lo existente «navega» por estos ciclos, como los de tu respiración.

~ Práctica 4 ~

Siente que estás bien preparado, tómate un tiempo. Para esta práctica primero te daré una pequeña introducción.

En esta práctica vamos a observar el fluir, la circulación, de nuestros pensamientos en nuestra mente, «dentro de nuestra cabeza», decimos. Observando de igual manera —utilizando una vez más la analogía— que una persona desde su balcón o ventana observase el tráfico de coches que pasan por debajo de su casa, entreteniéndose en ver en qué dirección van y dándose cuenta de si su conducción es adecuada o parece demasiado excitada o contenida. Imagínate una persona que se entretiene un tiempo así sin buscar una explicación o poner una calificación a aquello que mira, que atiende.

Vamos a observar la circulación de nuestros pensamientos desde el balcón de nuestra Consciencia de la misma manera que el ejemplo anterior. Primero vamos a definir, con todo lo que ello restringe y conlleva, qué es un pensamiento: «una apreciación cognitiva respecto a un objeto». Ya sabes que por objeto entendemos cualquier contenido material, perceptivo o anímico.

Cada pensamiento se dirige a un objeto, como los coches que observaba la persona de nuestro ejemplo, y tiene una fuerza de expresión —modo de conducción—, es decir, un tono emocional.

De nuevo, siente que estás preparado, tómate un tiempo.

Observa los pensamientos que ahora llegan a tu mente, la circulación de los mismos va a ser el objeto de nuestra Atención en esta práctica. Solo afina tu Atención; primero, date cuenta de su dirección, es decir, a qué objeto se dirigen y, segundo, date cuenta de su fuerza expresiva, de su tono emocional. No hace falta que verbalices ninguna calificación de lo observado, si ocurriese como una respuesta asociativa de tu mente escúchalo, pero sigue en el objeto de tu Atención.

Cuando uno se abre de manera tan consciente a mirar a la mente, esta, a veces, retiene la circulación de sus pensamientos, como ocultándolos temporalmente, ya que la mayoría de nuestros pensamientos son de naturaleza inconsciente. Si fuese así, tú sencillamente tomas buena cuenta de ello sin darle mayor importancia, con pensamientos o sin ellos tú estás ahí, Eres.

Da igual si el pensamiento es verbal o simbólico, claro o difuso, corto o largo. Tú te «entretienes» en mirar los pensamientos que cruzan el territorio de tu mente, intentando mirar qué dirección toman, a qué objeto se dirigen, percibiendo también la fuerza de irrupción o emoción que conllevan. Nada más. Sin análisis, sin calificaciones, y si surgiesen como reflejos asociativos, darles un espacio —no dejan de ser pensamientos sobre la propia práctica—, pero siguiendo con el foco de tu Atención en la circulación espontánea de tus ideas.

Muy bien, ahora date un pequeño descanso o respiro, deja de observar el flujo de tus pensamientos y descansa tu mirada interna en esa pantalla de semioscuridad que aparece delante de tus ojos cuando estos están cerrados, observa la grandiosidad del espacio interior (*Chidakasha* en sánscrito) que hay delante de tus ojos. Estate ahí unos minutos. Y luego repite la secuencia.

Repercusión de esta práctica en tu vida cotidiana: esta práctica te permite entender mejor la naturaleza y, por lo tanto, la insustancialidad del pensamiento, como apreciación cognitiva que siempre es, así como probabilidad cognitiva que es cuando lo dirigimos dentro de la flecha del tiempo, tanto al pasado como al futuro. El pensamiento es efímero, tiende a desaparecer ante la estabilidad de tu Conocer. No hay ningún pensamiento que tenga tu identidad, el pensamiento genera información u opinión en palabras e imágenes emergiendo en nuestra Consciencia con una fuerza expresiva que denominamos emoción. Esta práctica también te permite descubrir que con mente (circulación de ideas) o en no-mente (ausencia de circulación) tú Eres.

~ Práctica 5 ~

Siente que estás bien preparado, tómate un tiempo.

Normalmente las prácticas de meditación tienen un objeto u apoyo de Atención ya sea en la esfera externa o en la esfera interna. Produciendo una práctica de Atención u Observación externa o interna respectivamente. Recuerda que estas prácticas tienen fundamentalmente la capacidad de sacarte de una cierta mecanicidad y entropía, son como un reseteado (utilizando un término de computación) para volver a Ti Mismo y dejar de ser un fiel devoto de las tres grandes mentiras.

Una vez que has repasado tu preparación. Observa el momento tal cual es, es decir, tal como se manifiesta en este justo momento, tanto en la esfera externa, como en la interna. Siente que estás bien abierto a este momento, como si fueses a observar un documental del que desconoces el guion. ¿Qué vas a mirar, a Ver? Pues aquello que aparezca en el espacio de tu Conocer. Sean estímulos o informaciones perceptivas —las que llegan por los sentidos— sensaciones físicas o anímicas, pensamientos verbales, o visualizaciones. Esos pueden ser los contenidos de tu particular documental, que no sabes cómo se va a desarrollar.

De toda esa diversidad de contenidos que pudiesen surgir, observa cuál se resalta a tu Conocer y acógelo, míralo, conócelo. Tranquilamente, ves cuál es el siguiente contenido que se resalta para ser conocido... y lo conoces, y, de esta manera, así continúas relajadamente tu práctica, solo das acogida y luz a aquello que emerge resaltándose en tu Conocer.

Si hubiese momentos donde no se resalta ningún contenido en especial, sencillamente sé consciente de la ausencia de «contenido resaltado». De esa Nada «preñada» de todo, pero donde nada se resalta a tu Consciencia. Entonces puedes estar relajadamente abierto a la «emanación de fondo» de la esfera externa —que llega a ti por los sentidos—, o a la «emanación de fondo» de la esfera interna —que llega a ti a través de distintas y diversas sensaciones, parloteo mental, imágenes...—, o a la alternancia de ambas. Observas el momento, pleno de contenidos, pero sin ninguno emergente o resaltado. Ahora bien, si algún contenido se resalta, es ese el que debes acoger y mirar, es parte del documental que tienes que atender. Sintiéndote abierto a ese proceso, tal y como él quiere desplegarse o manifestarse.

¿Qué será lo siguiente? ¿Será claro o difuso, agradable o desagradable, me mostrará el pasado o el futuro, vendrá de fuera de mí o de dentro de mí? Aquí estoy abierto a lo que quiera llegar resaltado a «mi» Conocer.

Observa la fluctuación de los elementos conocidos y la estabilidad de tu Conocer. Percibe a tu Conocedor, no trates evidentemente de darle rostro forma y nombre. Siente la amplitud ilocalizable de ese Conocedor. Sé esa amplitud, todo muy natural, sin esfuerzo.

No te turbes ni te espantes —que dijese Santa Teresa— si parece que se desdibuja tu forma corporal.

Evidentemente si mirases tu cuerpo este ni ha crecido ni menguado, tampoco ha engordado o adelgazado. Lo que percibes es la liberación de tu campo energético, una de las primeras cosas que suceden en las prácticas meditativas. Si quieres de vez en cuando siente el apoyo de tu cuerpo en tu pelvis y el apoyo de esta sobre lo que estés sentado. Esa amplitud en tu percepción que a veces pareciese desdibujar tu forma, te conecta con las dimensiones sutiles y espaciosas que también tú Eres. Siente la mezcla de Espacio y Paz de tu experiencia. La Espaciosidad de tu dimensión causal, hogar del Yo Soy.

Repercusión de esta práctica en tu vida cotidiana: esta práctica te permite situarte en un espacio de Libertad ante la cambiante existencia que se despliega ante ti. Te permite ocuparte de lo que te toca, que no es adivinar lo que la vida trae o no trae, sino tu actitud ante ello. Así se va a fomentar tu capacidad de acoger y alumbrar Lo Que Es, tu Libertad de vivir.

Muchas de las aventuras del vivir supondrán a veces un esfuerzo para tu cuerpo, en otras ocasiones, tendrás que soportar las quejas de tu mente, y a veces la vida exigirá un desapego de tus deseos e intereses. Todas esas reacciones de tu cuerpo y de tu mente ante la imprevisibilidad del vivir son normales, pues en esta vida se entrelazan distintos planos con sus propias dinámicas.

Todas esas quejas llegan a Ti como distintas informaciones, igual que tus satisfacciones y éxitos. Deberán ser vistas como elementos pasajeros e insustanciales de la experiencia. De manera natural surge el Yo que Conoce la experiencia. Siempre estuvo ahí, es la dimensión más profunda de Ti Mismo. Siempre abierto a relacionarse con el despliegue de la vida.

Nuestra naturaleza más profunda está dispuesta a Vivirse, ese es el sentimiento del Yo Soy.

14

Atención plena en la vida cotidiana

Como te he resaltado en el capítulo anterior, toda la comprensión de las prácticas de Atención tiene que poder ser llevada a la cotidianidad de nuestra vida. Por eso es tan importante entender la propia actitud y el proceso de la práctica y no quedarse «pillado» por los resultados, sean maravillosos o aparentemente desastrosos.

Te recordaba que la meditación formal es una práctica transmitida por los antiguos Maestros de la Humanidad, cuya función es crear la atmósfera apropiada para deshipnotizarte fundamentalmente de las tres grandes mentiras (Soy un cuerpo separado. Mi identidad está en mi actividad mental. Cuanto más mejor) y volver a Ti.

Recuperar tu Libertad, ese es el propósito de la meditación. Experimentarla en cada día de tu vida es lo que significa tener Atención plena en la vida cotidiana.

La Libertad se encuentra en un nivel superior de donde normalmente se cree que está y se busca. No tiene que ver con tu capacidad de elegir, eso se sabe a nivel de profundos estudios en Neurociencia (experimentos de Benjamin Libet), que indican que cuando tú crees elegir, en el fondo ya habías elegido un poco antes, por patrones predeterminados de naturaleza inconsciente. Mucho menos tiene que ver la Libertad con hacer lo que te dé la gana, eso es dejarte llevar por tus programas más automatizados de condicionamiento previamente adquiridos en los tiempos de menor madurez personal. Tampoco, como a veces pudiera parecer, el estar carente de compromiso, como si uno fuese algo aparte de la propia Vida que lo sustenta.

Podemos experimentar la Libertad cuando nos reconocemos más allá de la forma y el nombre. Si nos atrevemos a definirla con todo lo que definir supone y restringe, diríamos que libertad es sentir en ti una disposición natural de apertura que te permite relacionarte con aquello que viene a relacionarse contigo, venga del exterior o de tu interior.

Despertar y reencontrar ese sentimiento de Libertad que te permite adentrarte en las experiencias del vivir con total Aceptación (que no resignación) y Atención, es el «fruto» de las prácticas meditativas, vamos a decir, más formales.

Otra manera algo más «esotérica» de definirla sería: *Libertad es poder Ser lo que Eres.*

Esta definición nos acerca a entender también profundamente hacia dónde apunta la palabra voluntad; se dice que un acto es voluntario cuando es realizado con consciencia y en libertad.

La Atención Plena en la vida cotidiana deberá tener la misma actitud de apertura que tiene un meditador en su práctica sentada (sedente). Esta nos abre de nuevo a activar nuestra «libertad olvidada», que a través de nuestra voluntad podemos mantener en nuestro devenir cotidiano.

Hace unos años, invitado por mi querido Rafa Valero, fui a impartir un curso sobre meditación en un lugar fabuloso cerca de Málaga, en la finca La Palmera, sobre los acantilados de Maro. Era un grupo amplio, con diferentes experiencias en el campo meditativo. En el transcurso de la enseñanza, me presentaron a un grupo de personas que se habían desplazado desde Barcelona para asistir a este taller, estaban muy interesadas y eran muy participativas. Me dijeron que habían estado asistiendo hacía unos meses a una formación *mindfulness* que se impartía en su empresa (un grupo automovilístico muy importante). El curso estaba enfocado en mejorar las ventas y en el lanzamiento de un nuevo modelo de coche. Hablando sobre el fondo de las enseñanzas que estaban recibiendo con nosotros y que compartían con mucho entusiasmo, me señalaban que les parecían muy distintas de las aprendidas en aquella semana en su lugar de trabajo. Tanto en su sentir como en el enfoque que dábamos a nuestras prácticas. Después de explicarme más exhaustivamente sus experiencias en aquel curso, me preguntaron qué pensaba al respecto. A pesar de que considero poco prudente hablar de aquello que no conoces de primera mano, sí les resalté algo que considero fundamental: la meditación, como auténtica fuente de la corriente *mindfulness*, es una práctica sin objetivos y expectativas, y que esto era muy importante entenderlo, ya que esa mirada libre abre la puerta hacia una actitud meditativa en la vida cotidiana. Aunque evidentemente, cualquier entrenamiento que nos permita estabilizar la mente va a producir un beneficio, no solo en nuestra vida práctica, también en nuestra vida emocional.

Pero sí hay que estar muy atento a cómo este sistema consumista en el que vivimos tiende a instrumentalizar, y por lo tanto a deformar, algo tan profundo y a la vez tan natural como es la meditación.

Hay tanta información, tantos estudios de neurocientíficos que hablan de los beneficios de la meditación, que puede hacer que algunas personas con una corta experiencia meditativa queden demasiado fascinadas con los frutos que esta produce, y pongan «el carro delante de los bueyes». Claro que hay maravillosos frutos sobre la salud y el comportamiento en las prácticas meditativas. Sin embargo, ir detrás de alguna futura ganancia haría de la práctica meditativa una extensión del enredo mental. La información está bien, pero no puede ir en detrimento de la experimentación e investigación propia.

El entrenamiento de la meditación, vamos a llamar formal o sedente (sentada), si tiene su adecuado enfoque (importantísimo), te capacita para que esa actitud se extienda a los cambios imprevistos de tu cotidianidad. Vengan estos de las volátiles circunstancias externas o de los imprevistos cambios internos. De hecho, bien sabemos, que todo puede cambiar en un momento. Todo sucede en un instante.

Te voy a narrar parte de un diálogo entre un discípulo y un maestro, que aparece escrito en un libro de Cayetano Arroyo y que yo me he permitido la licencia de alargar solo un poco.

Estaba el discípulo preguntando al Maestro, al que conocía y visitaba desde hacía mucho tiempo, si había alguna fórmula o práctica secreta para alcanzar la Paz y el Amor con los que el Maestro se manifestaba y vivía prácticamente en todas las circunstancias de su vida.

El Maestro muy solícito le dijo: «Bien, hoy te diré la gran clave: estate abierto para acoger lo que la vida te trae y tómalo, estate bien atento para saber lo que la vida te pide y dáselo». El discípulo quedó bastante impactado y perplejo por la sencillez del mensaje, sin embargo, le pregunto: «Maestro, ¿y cómo sabré lo que la vida me pide?». El Maestro con una voz llena de cariño le dijo: *Solo lo sabrás si te abres de corazón a lo que la vida te trae.*

Esta es la actitud de la práctica meditativa formal o «sentada», pero también debe ser la actitud para tener una Atención plena en tu vida cotidiana.

En el entrenamiento de la meditación sedente, acoges el transcurrir de los elementos o contenidos que conforman tu momento presente y ya está. En principio esa es la clave, ser tu Mirada interna, total Aceptación, total Atención. En la vida cotidiana es igual, pero respondes. Le das a la vida tu respuesta, ya sea en forma de pensamiento-sentimiento, de palabra o acción. Tu respuesta cambia completamente cuando acoges el despliegue de la vida, superando las naturales reacciones de la mente sobre lo que cree que debería o no debería ocurrir. Es normal que haya reacciones de sorpresa, decepción o soliviantez en nuestra mente hacia lo que no espera o no desea, pero esas reacciones momentáneas nunca tendrían que transformarse en opciones de vida. Son la apertura y la aceptación las que avivan el sentimiento de Libertad y nos permiten relacionarnos con aquello que nos ocurre. Este es el sentimiento que acompaña a aquellos que despiertan de la ilusión de las tres grandes mentiras, para vivir en un abrazo, en un baile, con la vida. Dándole así a cada momento tu calor, tu cuidado, tu inteligencia.

Le preguntaron al Maestro Francis Lucille (uno de los grandes guías Advaita de estos tiempos) que cómo era la cotidianidad de sus días. Él respondió: «están llenos de celebración y servicio». Explicando que hay días en los que la vida te regala tan bellos momentos que sencillamente hay dicha, mucho agradecimiento y celebración, pero también hay momentos en los que la vida pide servir, ayudar, ser de utilidad hacia los demás, familia, comunidad...

Ahí uno siente su dedicación y sentimiento al lado de los demás. En esos momentos hay mucha entrega y servicio.

Swami Chidananda solía decir: «Trata de mirar la manifestación de la vida con cariño respetuoso y con atención, porque estas –tus circunstancias– son realmente tu material de trabajo».

Solo así entenderás que, trabajando por la vida, trabajas por ti, por todos los que fueron y todos los que serán.

Ser coherente es que no haya grandes diferencias en tu disposición, tanto en la sala de meditar como en los determinados ambientes en los que transcurre tu vida cotidiana.

Si hablábamos antes de esquizofrenia moral o ética, de una manera más precisa de «disonancia cognitiva», es precisamente para evitar que tus prácticas de Atención Consciente solo florezcan durante tu meditación formal sedente (sentada) y luego pierdas el enfoque en el transcurrir de tus días, siendo poseído por tus programas de automatización y condicionamientos más primarios. Esto ha sido muy natural en algunas líneas religiosas, que permitían esa doble moral que aparece en los refranes o dichos populares, transmisores de tanta sabiduría. Te recuerdo uno muy contundente: «A Dios rogando y con el mazo dando». Sobran comentarios.

Ser coherente es que tus prácticas prendan en ti, transformando tu cuerpo y mente, con una energía mucho más inclusiva y abarcante, es decir, tolerante, respetuosa y compasiva. Empezando a ver lo de «fuera» como una extensión de ti mismo. Por lo tanto, apartándote de todo tipo de doctrinas sociales, políticas o religiosas de carácter claramente supremacista, exclusivas y excluyentes, que dan esa falsa sensación de seguridad a nuestra mente más superficial o inferior.

En el Creador todos somos Uno, pero la Creación que es su obra es pura diversidad, pura originalidad. Sí, tú eres único, un original, recuérdalo bien por favor. Por cierto, el otro también lo es. La Creación hace originales, tu iris, huellas dactilares, ADN son únicos, aquí no hay copias como en las fábricas. No te tienes que comparar con nadie, no eres mejor ni peor que nadie, eres tú, ¡qué liberación!, la vida reclama la vibración (sentimiento + comprensión) de tu despertar, para así «colorear» el mundo, de más Consciencia y Amor. Bendita e importante tarea.

Una buena comprensión y experimentación del estado meditativo te permitirá en tu vida cotidiana aunar tu dimensión más humana con la más divina. Entenderás que tu naturaleza psicosomática (animal, humana) está viviendo esta oportunidad de vida empujada por su deseo de experimentación y de comprensión de esta experiencia, desarrollando determinados planes y proponiéndote distintos horizontes o metas. Esto te hará experimentar un cierto goce, además de un aumento de tu autoestima al conseguirlo. Eso es lo que siempre ha significado el trofeo, el destino, la meta. Es inherente a la naturaleza humana tener proyectos hacia los que orientar la brújula de nuestro deseo y conocimiento. Pero tiene que ir de la mano de no ausentarte del «aquí y ahora» para, así, unir camino y meta. Como muy bien resaltaba Antonio Machado: «Caminante no hay camino, se hace camino al andar». Saber aunar tu naturaleza temporal con tu esencia intemporal, es una de las grandes claves para funcionar en nuestra vida cotidiana.

El famoso cuento de la Lechera, considerado fábula iniciática de referencia, atribuida a Esopo (siglo VI a. C.) y luego bien conocida a través de Jean de La Fontaine, muestra, para quien sepa leer pausada y atentamente, el entrelazamiento necesario entre nuestra naturaleza humana regida por el deseo y la curiosidad, y nuestro Ser esencial, el que alumbra y honra el momento presente.

Hay un momento en el cuento en que la lechera se estimula en ordeñar las vacas y preparar sus cántaros con el horizonte de la feria ya en su cabeza, pero todavía sabiendo dónde está, sintiendo su «aquí y ahora». Entonces se empieza a ausentar de su momento y comienza a vislumbrar que con el dinero conseguido vendrá la compra de determinados enseres, entre ellos un vestido para ir al baile que tanto le ilusiona. Prácticamente empieza a saltar y bailar, ya sintiéndose en ese momento del baile, entrando en un estado de pensamiento sumergido que le hace ausentarse de alumbrar su presente y derramar la leche y, con ella, sus ilusiones.

La moraleja de este magnífico cuento es que cuando el horizonte del deseo te hace ausentarte del momento presente, la vida (la leche) se derrama. En el equilibrio entre el deseo humano de conocer, experimentar, imaginar, pero a la vez, sin dejar de atender a «lo que toca» —aquello que estoy haciendo— está la clave.

Esa misma moraleja está oculta en los caminos iniciáticos y peregrinaciones. Donde para aquel que sabe ver más allá del horizonte y encuentro con el lugar sagrado (recuerda todo es sagrado), cada jornada es un paso en su transformación. Todo peregrinar lleva un mensaje secreto. La transformación puede surgir en cada etapa del camino; con las vicisitudes, señales, dificultades o pruebas que emergen en el día a día, en el momento a momento. La revelación surge de nuestra naturaleza imperecedera, en el «casamiento» entre los normales planes de nuestra naturaleza humana y el estar encima de los hechos con auténtica Atención y cariño.

Esto produce la meditación formal cuando no te pierdes en ninguno de sus frutos, sino que estás en esa disposición de apertura y acogida hacia Lo Que Es. Sabiendo que es este tu material de transformación para activar tu Espaciosidad latente, que es lo mismo que tu Amorosidad o Luminosidad, atributos inherentes a tu Ser.

Hace ya algunos años, un alumno que había sufrido un accidente de moto, mientras estaba convaleciente me dijo que se sentía muy apenado porque no podía hacer yoga. Le recordé que había muchas prácticas de yoga —como meditación, relajación, respiración, estudio...— que podía realizar aparte de los asanas que era lo que él más conocía. Y le enfaticé que el Yoga es un estado de unión, en el que la Atención y el cariño están en la acción, y que estas prácticas promovían un equilibrio energético adecuado para adentrarse en ese estado. Le dije que, entonces, podría llenar todo su día con la práctica, el más alto Yoga.

Todo lo que tengas que hacer, todo, sea o no relevante para los valores de tu mente, imprégnalo de tu Atención y cariño. Sin forzarte, de forma natural, abarcando todos los ámbitos de tu vivir, ahí, en todo momento estarás en la más alta de las prácticas. Ya verás que no es tan complejo tener Atención plena en tu vida cotidiana. No es tan difícil hacer las cosas con esa buena disposición que es mirarlas y relacionarte con ellas desde el cariño y la Atención. Cuando estamos en esa actitud se produce una comunión entre la luz de nuestro conocer y lo conocido, ese encuentro genera dicha, entendida como sentimiento de buen estar, de buen hacer. Una dicha que no necesita de ningún escenario existencial grandioso o relevante; es la dicha que surge del abrazo consciente, de la Atención Plena en lo cotidiano.

15

S.O.S. Humanidad

Al ser humano que profundiza en esta dimensión de la Vida le preocupa lo que le sucede a la Humanidad, como ya se dijo, le duele la Humanidad. Es un dolor que no le sumerge en la amargura ni en la desolación, ni en la rabia ni en la cólera. Ese dolor afectivo que siente por sus congéneres no le sumerge en el sufrimiento. Sigue trabajando en su parcela de relaciones, sabiendo lo importante que es para su trabajo —allí donde la vida le ha puesto— no perder su contento interior, su servicio y su compromiso.

Las convulsiones y las injusticias sociales y políticas le afectan, ya que afectan al alma y al cuerpo de la Humanidad. Su visión ecuánime, profunda, equidistante de cualquier tipo de extremismo no es una posición ni de tibieza ni de neutralidad entre quien ejerce la violencia y la opresión y los que la padecen. Sabe perfectamente a quién ayudar dónde: «arrimar el hombro» pero sabe de la delgada línea, de lo fácil que es pasar de victima a victimario.

Cuando estoy terminando este libro para entregarlo a la editorial, llevamos ya más de dos millones de muertos por el COVID-19 en el mundo, y más de cien mil en España. Parece que en el mundo occidental se ha optado por «convivir con el virus» como si con esa declaración el virus se fuese a volver un amigo, descargándose de su patogenicidad a la hora de entrar en un cuerpo humano. Hay que «gripalizar» la enfermedad se dice, aunque con certeza aún no se sabe mucho de ella. Ojalá, de verdad se acierte, y no tengamos que pagar un alto precio en vidas y enfermos crónicos.

En una gran crisis como esta, no solo es fundamental saber el origen que la produjo y las respuestas que los gobernantes van a realizar para tratar de solucionarla. También es fundamental la manera de informar sobre ella, y de comprender la susceptibilidad que provoca la falta de claridad, hoy digo una cosa y mañana la contraria. Si eso ya es nefasto a nivel político, a nivel de emergencia sanitaria es sumamente peligroso. Esto es tan doloroso, tan inhumano, cuántas personas no han podido dar el último adiós a sus seres queridos, cuántas se han sentido aisladas, desatendidas, aturdidas por tantas informaciones contradictorias y de fácil y rápida elaboración, que han creado tan profundo malestar y desconsuelo. Y esto, puede ser solo la punta del iceberg que pueda dañar a la Humanidad. Por supuesto, que esto no pone en duda, pero ni un milímetro, el buen hacer de la mayoría de profesionales médicos o de cargos públicos (precisamente por su dedicación, hoy divisamos un mejor horizonte que esperemos perdure), pero algo pasa en los estamentos más altos y decisivos, que parecen estar sordos e insensibles, precisamente al criterio de sus profesionales a «pie de obra». Se tratan de dar pasos en el buen sentido, de verdad, de redistribuir el impacto social y económico de esta pandemia y de muchos otros desastres, pero cuánto cuesta. No puedo ni pensar en los beneficios de las corporaciones farmacéuticas, tendrían que ser ahora solidarios con los que más lo necesitan. Pero es una ley; el codicioso no es solidario, son dos energías antagónicas, como máximo da limosnas. Las grandes decisiones, aparecen muy presionadas, muy enmarañadas, demasiado inclinadas por aquellas fuerzas (*lobbys*, corporaciones) que no buscan el interés común, sino el propio.

Se nos dice que el sistema económico consumista no debe parar, no lo podría soportar, la economía colapsaría. Como si no existiesen los Estados, que tendrían que ser los garantes de la salud de sus ciudadanos, e intermediarios y auténticos valedores ante las grandes corporaciones, lamentablemente programadas siempre desde algún tipo de codicia.

Tenemos que tener mucho cuidado, esta pandemia puede quedar en el inconsciente de muchos seres, como la quiebra de los Estados modernos tal y como hoy los conocemos y el triunfo de las grandes corporaciones. Estas parecen decirnos, imponernos: el *show* debe continuar. La codicia no sabe y no debe pararse, es el centro mismo de las economías de mercado desatadas en pos sus beneficios y sin ningún verdadero control de nuestros representantes públicos.

Parece que hemos olvidado que la inteligencia es la capacidad de adaptación que tienen las especies a los cambios imprevistos del entorno. Eso parece no ir con la especie humana, olvidando tan fácilmente que esa falta de capacidad adaptativa puede poner en peligro a la propia especie. Nadie quiere imprevistos que atenten a la mecanicidad de sus días.

Todo esto que estamos viviendo, me ha hecho recordar un tema que surgió en un seminario de meditación Vipassana que impartí hace ya unos años aquí en Málaga. Después de una «sentada meditativa» una alumna me preguntó que cómo veía el futuro de la Humanidad. Respondí, con intención de abrir un debate, que uno de los graves problemas que yo veía, era que la Humanidad estaba ya dirigida por grandes instituciones que actuaban como máquinas implacables, buscando su expansión y sus intereses —sin remilgos de generar conflictos, incluidas hambrunas y guerras— no hay corazón ahí y, por lo tanto, tampoco ternura, empatía, solidaridad. Es tan claro, hoy nos atienden contestadores telefónicos, nos evalúan en casi todos los órdenes de la vida algoritmos que no nos sienten y por lo tanto no pueden empatizar con los problemas que experimentemos en nuestra vida. Se trata deliberadamente de evitar en lo posible que tú hables con una persona, presencial o telefónicamente, esto de hecho es el triunfo del capitalismo más feroz. Van desapareciendo las oficinas físicas de las grandes corporaciones, donde tú puedas llegar a preguntar, reclamar o quejarte por el servicio recibido por una determinada empresa. Esto los buenos políticos lo tendrían que tener bien presente. Las máquinas no han venido a ayudar al trabajo del ser humano como en la era de las herramientas manuales o de la mecanización. En esta cuarta revolución industrial que se anuncia (la ciberfísica o robótica), las maquinas han venido para sustituirnos y dirigirnos, para evaluar y decidir por nosotros. No tendría por qué ser así, la buena utilización de la tecnología necesita «como agua de mayo» que el corazón del ser humano esté en el centro mismo del desarrollo tecnológico, si no...

Y, a modo de proyección de futuro, les pregunte; ¿quién creeríais que sacaría beneficio del no mantenimiento de la vida tal como la hemos conocido hasta hoy? ¿Quién podría ganar con la destrucción de los mares e incluso con la toxicidad del aire? ¿Por qué no dar el paso más ambicioso aún que el de poseer las tierras de la Tierra? ¿Y si se pudiesen privatizar el agua y el aire? (Te recuerdo, que hoy el agua es ya un valor en Bolsa). Algunos parecían entender lo que se exponía a la luz en ese pequeño debate.

Qué bien disfrutar de una perfecta salinidad en la piscina de tu casa o incluso agua energetizada, como una de las posibilidades de tu ducha y agua pura cristalina al abrir los grifos en tu casa, instalada y suministrada por tu empresa energética. Y, mientras, se están agotando los acuíferos para hacer campos de golf o macroempresas alimentarias con una clara vertiente en la sobreexplotación de nuestros recursos. Dejando que los mares y los ríos, cual basureros, permanezcan tan tóxicos y abandonados que llegue a resultar imposible disfrutar de ellos libremente. ¿Y si tuviésemos que desplazarnos con una pequeña mochila con su máscara respiratoria –por supuesto de nuestra compañía energética correspondiente– porque fuese imposible respirar el aire por estar cargado de gases, virus o gérmenes perjudiciales para la salud? Algo que ya han expuesto algunos novelistas de ciencia-ficción, pero que hoy en día, por desgracia, no suena tan lejano.

¿Te parece muy exagerado? Hoy aquel debate resuena tan premonitorio: ¿quién ganaría con tanto horror?, piénsalo. Solo mira lo que esta pandemia o cualquier otra crisis humanitaria van produciendo. Sufrimiento, desolación para muchísimos seres humanos y beneficio, poder, para unos pocos. Algunos seres humanos codiciosos han comprobado como de nuevo el temor y la desinformación es la mejor manera de llevar al resto por donde sus intereses y poder necesitan que vayamos, y de que lo hagamos dócilmente. Recuerda que al poderoso le gusta el poder, sin importarle mucho la forma de lograrlo. Hoy Las grandes corporaciones no se conforman con vendernos sus productos, los recursos naturales y nuestras prestaciones sociales se han vuelto mercancías con las que especular y acumular dinero y poder. No estamos tan alejados de esa Humanidad Distópica de la que hablábamos en aquel seminario y que algunos visionarios ya anuncian.

Hay muchas personas en importantísimos cargos tanto públicos como privados que niegan la influencia de nuestro comportamiento en el equilibrio y armonía de la tierra. Es como si le contases a alguien que el comportamiento de un grupo de vecinos no afecta al inmueble en el que habitan. Imagínate que le preguntásemos a un biólogo o a alguien con «dos dedos de frente» si el comportamiento de un determinado animal u organismo afecta al hábitat donde este desarrolla su vivir. Muchos de estos «iluminados» lo dicen allí donde pueden sin complejos y en voz alta: no hay Emergencia Climática. La Tierra va bien, el negocio debe continuar.

Si, además, te paras a observar el alejamiento –el *extrañamiento*– de los seres humanos de la Naturaleza, creando un círculo de hiperasepsia y una actitud de descuido hacia nuestro hábitat, nada benefactor para la salud de ambos (planeta y humanos), entenderás mejor en el lío en que nos estamos metiendo.

Durante los últimos cien años, fundamentalmente, todos hemos sido migrantes hacia el nuevo «dorado», las grandes urbes. Hoy sabemos del gran fracaso para nosotros y la Naturaleza de aquella «moda», según la cual todo el mundo tenía que abandonar el campo y sus pueblos. Las grandes ciudades con su sobredimensión se han vuelto inhóspitas, con un nivel de agresión medioambiental y especulativa enorme. Si algo de bueno pudiese tener la llamada globalización —cambiando primero la semilla codiciosa con la que se concibió— sería que la democratización de las estructuras de transporte, de energía y de comunicación trajese una redistribución digna de los seres humanos en este planeta. No nos queda otra salida que decrecer, como lleva tanto tiempo diciendo mi amigo Vicente Seguí, hay que salir de esta antigua visión del ser humano atraído por las megaciudades y empezar a construir sociedades más transversales, más justas, más habitables y hospitalarias. Ambientalistas de tanto prestigio como James Lovelock (recientemente fallecido) lo vienen advirtiendo desde hace tiempo: hay que cambiar, y cuanto antes mejor. Deberían ir dándose ya lo pasos pertinentes. Hoy cualquier ciudadano europeo sabe que en su continente hay más calidad de vida en una ciudad pequeña y en un pueblo mediano o pequeño, que en una mastodóntica ciudad. Al tener más contacto con la Naturaleza y con nuestros vecinos entraremos en un círculo de relación más ecológico, más sostenible, aprenderemos a consumir menos y mejor de todo, esto es prácticamente una ley energética. Sin embargo, esta sociedad que se llama a sí misma «sociedad de consumo» necesita que sigamos en un cierto grado de alineamiento, de confusión, incluso de alarma, para calmar —consumiendo— nuestra ansiedad, nuestra sensación de falta, de carencia. Bien lo saben los grandes fondos de inversión y las grandes corporaciones que tienen ahora puesta su mira en Asia, América del Sur, o incluso en África. Tienen que seguir vendiendo su «dorado», su sueño de vida masificada y plastificada. Esa planificación está ya detrás de los grandes movimientos de la geopolítica mundial.

Cayetano Arroyo hablaba muy a menudo de la «batalla» entre el «ser humano antiguo» y «el ser humano nuevo». Al primero le guía la codicia, ya sabes, deseo tan desorbitado que es imposible colmarlo, deseo de poder, de dominio, viendo en esta bendita Tierra solo el tablero adecuado para realizar sus negocios. Son seres desconectados de su corazón y totalmente hipnotizados por las tres grandes mentiras. Estos, los más inadecuados e ineptos son los que conducen el «barco de la Humanidad», es fácil pensar que pudiese ser hacia el desastre.

Cuando lees y escuchas que hay planetas de los que se piensa que en su tiempo —hace millones de años— tuvieron capacidad para el fomento de la vida y que, bien por causas y condiciones externas o tal vez internas, se han vuelto planetas de altísima toxicidad para lo que nosotros entendemos como vida, al menos como vida humana. Esto nos debería hacer reflexionar a todos, hacia donde puede ir el futuro de este maravilloso planeta. Como dice el sabio refrán: «mejor prevenir que curar».

«El ser humano nuevo» no se da cuenta de su auténtico poder, porque somos la mayoría, sí la mayoría. Todas las veces que he tenido la oportunidad de hablar sobre esto, con políticos, educadores, sociólogos filósofos, nos hemos planteado esa cuestión. Como si otra vez no nos diésemos cuenta de lo obvio, y sí, es evidente que somos mayoría. Estos seres, nosotros, ya tenemos la capacidad de entender la vida desde la relación respetuosa, desde la participación compartida y desde el cuidado a esta maravillosa Tierra donde vivimos esta increíble experiencia de vida. Y aunque esa gran mayoría tiene su corazón ya despierto, todavía no se da cuenta del poder que guarda, atesora, si estuviese más lúcida, más conectada, más hermanada.

Uno se pregunta: ¿y ante todo este desaguisado qué puedo hacer? Pues bastante más de lo que en un principio se pudiese creer. Este S.O.S. Humanidad es altamente realista y optimista, aunque sabe de las dificultades a las que se enfrenta, también sabe del poder de regeneración de la Vida, mucho más si una masa crítica de seres humanos empieza a actuar desde su corazón. Esto también es algo que se ha hecho visible durante esta pandemia; la Naturaleza se autosana cuando dejamos de molestarla tanto. Empecemos poniendo Consciencia en la manera de relacionarnos, no solo en el sentir y pensar, también en la forma de «producir» y de «consumir», en general en nuestro hacer.

Te recuerdo un dicho (lo comenté en el capítulo diez) muy repetido por los profesionales en psicodinámica del apego, que apuntaba a que un buen tiempo de crianza y educación desembocaría en que no importase hacia qué lado se abría para un niño la puerta de la casa, hacia dentro, hacia fuera, porque en ambos espacios, el niño debería de sentirse confiado, a la vez que cariñosamente respetuoso con ellos.

Cada ser humano no tiene tantos espacios o círculos de relación, vamos a verlos y a entender mejor cómo el «ser humano nuevo» podría pilotar el «barco» de esta maravillosa Humanidad, fundamentalmente, cuidando sus espacios relacionales.

Primer espacio. Es el tuyo propio, como te llevas con tu cuerpo-mente. ¿Eres confiado con estas dos maravillosas herramientas para experimentar tu vida? Las sabes atender, cuidar, entender, como un buen músico cuida y entiende su instrumento musical. Debemos comprender nuestro instrumento de vida para poder actualizar todo nuestro potencial y así expresarnos en plenitud y Consciencia. ¿Sabes de la importancia que la alimentación e higiene tiene para tu cuerpo-mente? ¿Eres consciente de la importancia del contacto con la Naturaleza? ¿De lo importante que es el buen descanso? ¿De lo absolutamente beneficioso que es caminar? Ponte a ello, es muy importante comprender a tu cuerpo y a tu mente, ya que son como tu vehículo planetario y su sistema operativo respectivamente. Y si necesitas ayuda, búscala, reclámala, la calidad de tu vida depende de ello.

Segundo espacio. Es el de tu casa, el de tu intimidad, vivas solo o acompañado, tengas o no tengas mascotas y plantas. Aunque como diría Frank Rebaxes: «Desconfía de una casa donde no haya animales de compañía, plantas y libros». ¿Cómo es ese espacio íntimo? ¿Te sientes confiado y respetuoso en el lugar donde vives? ¿Hay cuidado, dedicación a tu espacio de intimidad y para con los seres que te rodean? Mucho más si vives en pareja. Si es así, esto implica que has decidido transitar tu vida con otra persona. Has formado, por así decirlo, un tándem —una de esas bicicletas diseñadas para que pedaleen dos personas—. Con ellas hay que hacer menos esfuerzos para «pasear» en la vida, pero también hay que consensuar decisiones, direcciones. Aquellos con los que vives, ¿reciben tus más altos e inclusivos sentimientos? ¿Practicas la amabilidad incondicional en tu casa?

Tercer espacio. Es el «familiar», es decir, las personas con las que la vida te unió en tu línea de vida, aunque ya sabes que esta es mucho más amplia que la de la propia familia. Claro que habrá miembros en este espacio familiar con los que tendrás mucha más relación que con otros, eso es normal y más hoy en día, pero ¿te sientes a gusto con ellos? Hablo en general, porque como en las estaciones del año habrá momentos y momentos, evidentemente. Globalmente, ¿cómo de a gusto te sientes en tu espacio familiar? ¿Eres consciente del regalo, también del compromiso de tener familia? Reciben ellos tu cariño respetuoso, tu amabilidad incondicional o has tomado la costumbre de usarlos de papelera emocional o de sencillamente olvidarte de sus sentires, desvinculándote de ellos. La dinámica de una familia es un campo adecuado donde cultivar la tolerancia, la comprensión y donde recoger sinergias de ayuda, amor y celebración.

Cuarto espacio. El de tus amigos y conocidos cercanos, aquellas personas con las que te gusta reunirte y compartes tus afectos y una buena parte de tu tiempo, además del de tu intimidad y familia. Aquellos que de alguna manera tú eliges, que forman parte asimismo de tu línea de vida. ¿Te sientes natural, confiado con ellos, o practicas la impostura para ser mejor valorado? Ellos deberían recibir tu respeto y cuidado, pero también tu verdad, la única energía capaz de crear auténticos vínculos de amistad. Se dice que la verdadera amistad produce un tipo de afecto muy puro y crea un vínculo que le permite perdurar más allá de las afinidades, la distancia y los tiempos. Esa sensación de poder ser uno mismo con otro es un alto grado de unión que nos permite la experiencia humana.

Quinto espacio. El laboral, este es un espacio en el que, si echamos cuentas, pasamos gran parte de nuestra vida. Suele ser un espacio muy abandonado, muy mecanizado, por aquello que llamamos trabajo y empresa. Es fácil que tú también, por las presiones y paradigmas establecidos, te automatices en vez de trabajar conscientemente. Confía en que puedes mejorar haciendo además que mejoren tus compañeros y por lo tanto los productos de vuestro trabajo.

Aquí, saber cooperar es fundamental, y confiar también en el trabajo de tus compañeros. Este es un espacio que merece de tu astucia, para no ser engullido solo por los resultados —el famoso rendimiento— y así poder desarrollar una buena vibración hacia tus compañeros y clientes. En el espacio laboral uno deberá estar como nos decía Krishnamurti «relajadamente alerta», para no ser absorbido en proyectos sin alma, o para que no sea una dimensión solo para ampliar tu propio ego. Es difícil, y mucho, pero se puede.

Sexto espacio. El vecinal o proximal. Todos vivimos en barrios, urbanizaciones, en ciudades y pueblos, compartimos un espacio común con personas que a veces no conocemos e incluso no saludamos. Esto es muy típico en nuestros días, en los que, en vez de abrir nuestras ventanas y puertas, nuestra palabra y nuestro corazón, *abrimos* la televisión o nuestros dispositivos informáticos. Los barrios o ámbitos vecinales daban la oportunidad de crear espacios de conexión, de comunicación, espacios donde se dan unas sinergias de cooperación sumamente interesantes, podrían convertirse en «pedacitos de cielo en la tierra». Lo sé bien, porque el barrio (Chamartín) de Madrid donde yo me crie, lo era. En aquel entonces, un barrio de nueva construcción, rodeado por grandes zonas de campo, con enormes aceras y bloques de edificios no demasiado altos, entre cuatro y seis plantas y que necesitó de todo tipo de comercios que pudiesen atender a las necesidades de todos los vecinos que allí convivíamos. Era un barrio muy tranquilo, por allí casi no pasaban coches, había una especie de carretera de tierra donde solíamos jugar al futbol, o a juegos populares, hoy ya casi olvidados. Cuando llegaba el buen tiempo, en la tarde-noche, los vecinos bajaban a la calle a jugar a las cartas, al dominó, al ajedrez, escuchar la radio o «simplemente» a hablar. Era un lugar donde se podía percibir la confianza entre las personas —aun siendo difíciles las circunstancias políticas y económicas de aquella época— y el cuidado que cada uno les daba a sus vecinos y a su barrio. Hoy todo esto que te cuento tiene un cierto eco de lejanía, los barrios han ido perdiendo sus comercios por la atracción hacia las grandes superficies periféricas, y muy dañados en su ambiente, si son barrios céntricos o con encanto, por el excesivo turismo que impulsa la actividad económica a costa de expulsar a sus vecinos. Pero los barrios son espacios fundamentales para la vuelta de una vida más humana.

Séptimo espacio. Todos somos ciudadanos de un país que lleva su propia historia, es muy bueno conocerla para entender su incidencia en nuestro psiquismo, así como en nuestras particulares costumbres. Es muy importante comprender y cuidar esto, disfrutar y fomentar todo lo que sentimos que es bueno y característico de nuestras tierras, pero sin quedarnos atrapados en un cierto «pequeño mundo». Ya que, sobre todo, somos ciudadanos del mundo, esta es nuestra casa, con su atmósfera protectora, donde todos los seres humanos pareciésemos gemelos univitelinos alimentados por ella, que actúa como una auténtica bolsa biológica común, su aire es nuestro aire, su agua nuestra agua. La tierra es un sistema vivo, que promueve diversidad de vidas, todo tiene un porqué y un para qué, en este ecosistema tan bello y fascinante. Todo lo que tú haces en él deja una huella, para bien o para mal, es tan evidente que parece no ser visto. Muchas personas no sienten a la Tierra como una extensión de sí mismas, sin duda entonces la primera gran mentira ya se ha asimilado como si fuese verdad. Percibir nuestro cuerpo, como si pareciese separado de esta bendita Tierra —enorme error— que hace que los seres humanos no sintamos este espacio que nos acoge y no lo llenemos de respeto cariñoso, de auténtico y entusiasmado cuidado. Sería maravilloso promover en el corazón de cada uno de nosotros, desde pequeños, una verdadera actitud ecológica, de manera que la familia, el colegio, el barrio, el país, fuesen prístinos espejos en los que poder mirarnos, vernos, y así fomentar el cuidado del planeta.

Nuestra producción va más allá del trabajo, es lo que damos a la vida y cómo lo damos en nuestros espacios relacionales. Y nuestro consumo es el qué y de qué manera «tomamos» de la vida. Puedes imaginarte lo que ocurriría si esa callada y alienada mayoría tuviese consciencia de ello.

En cuanto al consumo, solo te diré una regla que aprendí de joven en mis estudios de medicina tradicional china y macrobiótica y que trato de mantener siempre muy presente. Es una regla facilísima de comprender y aunque va muy dirigida a la alimentación, se puede extender a muchos ámbitos de tu vida.

1. Del lugar.
2. De la temporada.
3. De la forma más natural.

Esto insisto son principios que te recuerdan que consumas alimentos preferentemente de tu región o país, de la temporada, es decir la famosa compra del mercado del día a día o semana a semana, comiendo lo que las estaciones van produciendo. Alimentos naturales, significa que en su producción o elaboración no hayan pasado por grandes procesos industriales que terminan desnaturalizando el alimento y consumiendo o adulterando parte de su energía. Cuántas veces he hablado con mi buen amigo Manel Bravo, siempre investigando en sus zumos, brotes, etc., de la importancia de una alimentación consciente y de cómo esta sería una enorme impulsora de la salud y de la armonía en la Tierra. Estos sencillos principios, te decía, también se puede aplicar en muchos ámbitos de tu consumo.

Permíteme que comparta contigo una pequeña historia que tiene su moraleja. Paco García de las Peñas fue hasta su muerte un entrañable y estimado amigo y alumno, con el que compartí gratísimos y profundos momentos. Tenía una mezcla de curiosidad y precaución francamente paradójica y exquisita. Durante muchos años, tuvo

aquí en Málaga una tienda de referencia de ropa mascu-
lina. Me encantaba el conocimiento que tenía sobre la
calidad de los tejidos, así como su gusto estético, era maravilloso escucharle hablar sobre todo lo que abarcaba su
profesión y sobre muchos otros temas. Un día me comentó que estaba muy contento porque había contactado con
unos sastres artesanales —que confeccionaban todo aquí
en España con tejidos naturales— cuyos productos tenían
una excelente relación calidad-precio. Él creía que serían
francamente competitivos. Me acuerdo cuando los puso
en el escaparate, con una pequeña información sobre su
procedencia, composición y elaboración. Aunque tuvo
una buena acogida, sobre todo entre sus clientes más fie-
les, evidentemente ya no podía competir con las grandes
multinacionales de la moda. Estas estimulan en nosotros
la tercera gran mentira, «cuanto más mejor», invitándo-
nos a comprar más y más deprisa, casi sin mirar la composición, procedencia y forma de elaboración (tantas veces
infrahumana) de aquello que consumimos. Entrando en
ese círculo de «usar y tirar» que tanto daño está haciendo
a los recursos y energía de la Tierra.

Ya ves que son muchas cosas las que puedes hacer
para ser un «agente» activo de este S.O.S Humanidad.
Tus decisiones tienen mucha más importancia de la que
en principio creías. Se puede hacer mucho. Durante un
tiempo te parecerá estar en «tierra de nadie», será así,
y desde luego tendrás que sacudirte la comodidad —casi
siempre mala consejera— que te sitúa en tu inercia más

automatizada y lejos de la luz de tu Consciencia. Pero enseguida te darás cuenta de que hay muchas personas que ya están actuando –y bien– de esta manera, en esta dirección.

Otra cosa que será de suma importancia para todos, es que «aprendas a priorizar». Esta es una lección que sería bueno aprender pronto y no esperar a sufrir una pérdida íntima, enfermar gravemente o que ocurra un cataclismo o una pandemia como esta del coronavirus. Hay un dicho que deberíamos recordar a menudo: «Todo lo verdaderamente valioso no tiene precio y todo lo que tiene un precio no es verdaderamente valioso». Evidentemente, está claro que para llevar una vida digna nuestro salario o rendimiento de trabajo se traduce en números, en valor, que es algo acordado, eso es evidente, no nos referimos a eso. Me refiero a que seamos conscientes, cuanto antes, de hacia dónde dirigimos nuestro enfoque y energía, también nuestro dinero y nuestro tiempo.

En muchos años de enseñanza, he podido comprobar el cambio de casi ciento ochenta grados en las prioridades de aquellos alumnos a los que la vida les había hecho pasar por un suceso trágico. En esos casos, los ámbitos que volvían a ser más valorados eran casi siempre aquellos «sin precio», y su motor o fuerza de vida estaba en el reordenamiento o vuelta a un «orden natural» perdido. Lo primero era ocuparse –que no preocuparse– de su salud física (alimentación, ejercicio, descanso); lo segundo, empezar a entender lo dependiente que esta es de nuestro equilibrio emocional y mental. Lo tercero, comprender cómo este equilibrio necesita de vínculos estables, seguros y saludables, tanto a nivel familiar como afectivo. Lo cuarto que se apreciaba era el cambio de sentido de estos alumnos en su participación social y su relación con la Naturaleza. Empezaban a buscar conectar con sus cualidades, con su propósito de vida, para dar su impronta en tratar de mejorar un poco esta sociedad. Estar más en contacto con la Naturaleza cuidarla como se cuida la mesa donde uno come, disfrutar y estar con ella, permearse con ella, Ser ella. Normalmente nos damos cuenta de esto tarde, por desgracia, cuando ya la vida nos ha golpeado con cualquier tipo de dramático suceso o pérdida. Citando una vez más a Cayetano: «El ser humano descubre lo maravilloso que es morder una manzana, cuando ha perdido los dientes». Espero y deseo que no sea así en ti.

Otra cosa importante es darte cuenta de la semilla de tus acciones y tus palabras, poner Consciencia en ello. Parece complejo, pero es más fácil de lo que crees; se trata de observar qué te lleva a actuar y a hablar, es decir, cuál es la semilla que plantarás con tus palabras y tus actos, eso es clave. Ver esa semilla es como un fogonazo de Consciencia que te permite inhibir, que no reprimir, determinadas palabras y actos. Esto pasado un cierto tiempo se extenderá a la validación que das a tus pensamientos. Sí, validación, porque sin ella, como ya sabes, los pensamientos son tendencias, probabilidades, que no crean ninguna dirección, no forman ningún «viento». Empieza poniendo la luz de tu Consciencia en tus actos y palabras y, como diría el Buda, que tus acciones y palabras no estén impulsadas por la codicia ni por el temor. Más adelante, cuando haya más capacidad de observación sobre nuestra mente, «podremos pensar sobre los demás como nos gustaría que estos pensasen sobre nosotros» (Garnier Malet). Así, sin ninguna duda, estarás ayudando al amanecer de un mundo menos ignorante y oscuro, ya que tú eres una unidad viva y consciente de la propia Humanidad.

Este mundo está todavía conducido por una visión y dominio patriarcal, por una especie de falocracia, en los ambientes familiares, educativos, sociales y, sobre todo, económicos y políticos. Casi siempre hay exceso de testosterona en esos ambientes. En este S.O.S. a la Humanidad tengo totalmente clara la necesidad de asumir los valores de la Femineidad, todos nosotros, sobre todo, por supuesto, los hombres. Como en algunas antiguas y sabias tradiciones (deliberadamente ocultas y olvidadas) que rendían culto a lo femenino, sabiendo que es esa energía más receptiva, más formadora y respetuosa con la vida, la que produciría un cambio bastante rápido y profundo en esta sociedad que, como diría Claudio Naranjo, «está totalmente dañada por un patriarcalismo dominante y altamente violento».

Más atención y consideración a la visión, al sentimiento, a la voz de las mujeres, tan comúnmente maltratadas en todos los ámbitos, públicos y privados. Una total igualdad en todas sus áreas participativas, un claro y profundo respeto hacia ellas. Se une a mi sentimiento —ahora mismo— la imagen y el ejemplo de muchísimas mujeres, como Inmaculada Jabato y Charo García, que llevan tanto tiempo en esta magnífica Andalucía remando en esta dirección, y tantas veces a contracorriente.

Del *pulso* del «ser humano antiguo», aferrado al dominio y sus paradigmas, con «el ser humano nuevo», con su sentimiento solidario, inclusivo, con sus aperturas y también sus dudas, saldrá una Humanidad, más yerma o florecida, más mecánica o más consciente. Depende de todos nosotros, pero seguro que en esta *contienda* tú tienes mucho que decir, que decidir.

16

Una senda de enseñanza

Siento que la senda de mi propia enseñanza germinó adecuadamente en mi ambiente familiar. La certidumbre y el cariño que allí se respiraba se equilibraba con esa salida a la calle llena de aventura que propiciaba el comercio de mis padres que, como ya te he contado estaba justo debajo de mi casa y me permitía ver y sentir a tantos y distintos seres. Ellos aprovechaban el espacio de la taberna, como una especie de «isla terapéutica» donde compartían sus luces y sus sombras. En ese entrelazamiento de vida familiar y popular, se avivaron mis ganas de saber, de ahondar en el misterio de la vida.

Algo que creo que he resaltado en los capítulos anteriores es que nos hacemos con los otros, que todo está en relación, en unión, y es muy importante ser conscientes de las conexiones, influencias, o ayudas, en este nuestro transitar, que evidentemente están llenas de causalidad. Descubriéndote mi mundo de relaciones, de «formación», entenderás más de mí y de mi propio proceso o recorrido. Por supuesto que también han pasado por mi vida cantidad de personas muy importantes, muchas, a las que también estoy agradecido por su enseñanza, aunque las he conocido no tan cercanamente, sino a través de conferencias o de sus obras y compromiso, todas merecen mi reconocimiento y gratitud. Pero aquí te hablaré de aquellas a las que he conocido en «carne y hueso», a las que he podido tener cerca lo suficiente para sentirlas, e ir investigando y aprendiendo con ellas.

Todas son personas que alimentaron mi corazón y me impulsaron a «recordarme». Las que aquí aparecen y comparto contigo, me enseñaron: a mirar dentro y a cuidar fuera. Me hicieron sentir su profundidad y compasión. Creo que merecen un pequeño homenaje. Te invito, respetado lector, a que mires con la misma apertura y curiosidad a cada uno de ellos.

Todos los que ahora aparecen (tratando de mantener el tiempo cronológico) en esta relación me ayudaron de una manera determinante en la apertura hacia Mí Mismo, la mayoría también en mi mejor capacitación como profesor. Hay un refrán que dice: «todo buen enseñante, resalta y honra las fuentes de su enseñanza». Eso voy a hacer.

Te podría decir que sé que me he «rendido» de alguna manera a cada una de las personas que ahora te voy a reseñar, he sentido su magisterio. La vida me ha bendecido conociéndolos, viendo y sintiendo su exquisita particularidad. Me siento honrado y agradecido de que la vida nos haya permitido encontrarnos.

Algunas de los que aquí aparecen son mundialmente conocidos, aunque yo no te voy a dar datos que aparecerán en Wikipedia, más bien compartiré contigo el sentimiento y comprensión —incluso alguna anécdota— que en mi relación tuve con ellos. Otros estuvieron y están en un ámbito de conocimiento más local, y otros en uno más cercano e íntimo, todos imprimieron algo de su fuerza y luz en el rumbo que ha tomado mi vida. Algunos han caminado a mi lado durante muchos años y siguen, a otros los he conocido más puntualmente, en formaciones, seminarios, convivencias o encuentros. Bastantes de ellos ya no están en este plano manifiesto. Sin embargo, a todos los que aquí aparecen he tenido el gusto de verlos y sentirlos, de poder compartir el mismo espacio-tiempo, de contrastar y estar con ellos; conocerlos, al fin y al cabo. Todos han ido conformando mi senda de enseñanza.

Octavio. Era y es (el sigue viviendo allí) el vecino de la puerta de al lado de la casa de mis padres. Tenemos prácticamente la misma edad, yo unos meses mayor. Nació con parálisis cerebral que le afectó a su autonomía motriz y también a su expresión en el habla. Me he estado cruzando con él durante veinte años, hasta que yo empecé a viajar y pasar largas temporadas fuera. Desde que me establecí en Málaga y creé mi propia familia, lo veo cuando subo a Madrid a ver a mis parientes y amigos. Siempre desde bien pequeños me ha enseñado algo enorme: nada puede con una sonrisa. Octavio siempre te regala su sonrisa. Cuando yo tenía ocho o nueve años jugaba con mis vecinos al futbol o a cualquier otra cosa en un pequeño descampado justo enfrente de nuestras casas y él desde la ventana sonreía, como animándonos. Aunque no hemos tenido una estrecha relación, ha estado muy presente en mis viajes, en mis buenos y malos momentos. Siempre esa capacidad de comunicarse a través de su sonrisa. Los que nos hemos dedicado a estudiar al ser humano sabemos hoy que una sonrisa tiene un efecto poderoso para quien la recibe como para quien la realiza. Cuando subo a Madrid y me lo encuentro, siempre acompañado de su hermano mayor Pedro, nos saludamos y, ¡cómo no!, me regala una de sus maravillosas sonrisas.

Dr. Javier Larrú. Era nuestro médico de familia. Tenía su consulta en una calle de chalecitos cerca de mi casa. Cierro los ojos y lo veo allí, alto con poco pelo, con aquellas gafas que hacían que pareciera que con solo mirarte ya sabía lo que te pasaba. Era un médico a la antigua usanza, de otro tiempo. Te miraba de arriba abajo, fijándose en todo, sin prisas, calmadamente. Solía decir, dirigiéndose a mi madre, pero también mirándome a mí: «esto es bastante normal a su edad». Consiguiendo que mi madre más que yo mismo, se tranquilizase al momento. Cuando me preguntaba y de la manera en que lo hacía me transmitía una confianza inmensa, de sentir que estaba en muy buenas manos. Creo que fue una de las personas que sin él saberlo me transmitió la importancia de ayudar al otro y aliviarlo de su dolor. Gracias.

Hermano Pedro. Cuando empecé bachillerato, tuve que cambiar de colegio, algo que, por cierto, agradecí mucho, ya que en el anterior me había encontrado con personas muy desconectadas de las necesidades de los niños. El hermano Pedro era el tutor de los primeros cursos de Bachiller del colegio Corazonistas. Profundamente bondadoso, te dejaba hablar, siempre escuchando hasta el final de tus conjeturas, propiciando un ambiente muy agradable. Notabas que se interesaba por todo lo que nos preocupaba como alumnos y personas. Hablar con él suponía un encuentro donde se percibían su luz y su cariño. Sabía muy bien cómo contemporizar con los padres de los alumnos y todos sentíamos en él a un auténtico aliado. Yo le hablaba de mis inquietudes espirituales, ya bien fuertes en aquel tiempo, a lo que él contestaba: «Enriquito, tú serás profesor, no sé de qué, pero serás profesor». Ha sido un regalo conocerlo, sobre todo en esa temprana edad. Transmitía que era posible ser muy trabajador, responsable y a la vez estar en calma y siempre dispuesto a ayudar. Gracias.

Danilo Hernández. Me va a costar resumir todo lo que he aprendido y compartido con Danilo, mi amigo de juventud, mi hermano del alma, mi socio. Aunque nos conocíamos de pequeños, pues vivíamos en el mismo barrio, empezamos a relacionarnos más en la adolescencia. Enseguida percibí que tenía un gran mundo interior junto a una actitud de mucha libertad y valentía ante la vida. Me hablaba del Yoga, de la India, como alguien que pareciese recordar, yo me quedaba realmente fascinado. Luego vendrían muchos años de viajes —increíble nuestro viaje a la India—, formaciones y experiencias comunes, como nuestro primer centro de yoga (Mandala) en Madrid. ¡Tantos recuerdos! La vida nos ha hecho ir de la mano en unos tiempos realmente apasionantes y fundamentales para los dos. Está invariablemente, tanto para celebrar como para ayudar. Siempre que nos vemos percibo la misma sensación de profundidad y autenticidad que emana naturalmente de él. Ha sido, y es, un ser determinante para el rumbo que ha tenido y tiene mi vida. Gracias.

Swami Chidananda. Sin ninguna duda, él ha sido mi inspiración a la hora de dedicarme a ser un yogui y un enseñante del yoga. Lo conocí en 1975, yo estaba realizando un curso de formación en la Yoga Vedanta Forest Academy de Swami Vishnudevananda (Quebec, Canadá), y él estaba invitado a pasar un tiempo de descanso allí. Era sobrecogedor verlo. Extremadamente delgado, ojeroso (de joven había cogido todas las enfermedades posibles), con un aspecto de fragilidad física que quedaba eclipsado cuando te acercabas a él y te cruzabas con su profundísima mirada, o por su energía en su manera de hablar y de moverse. El destino quiso que recibiera de sus manos el diploma de haber superado ese tiempo de prácticas y estudios. Pude preguntarle cuestiones que en aquel tiempo eran determinantes para el rumbo de mi vida, como, por ejemplo, si volver a España a hacer el servicio militar (si no volvía quedaba declarado prófugo) o ya quedarme como profesor en Montreal o Londres donde tenía propuestas de trabajo. Siempre, de la manera más respetuosa, decía algo que parecía no apuntar a ti directamente: «el camino cómodo y fácil no siempre es el mejor, siente tu corazón». Pude luego compartir eventos y encuentros con él de los que yo siempre salía lleno de inspiración y calma. Gracias.

Antonio Salado. Fue mi teniente coronel en el regimiento del Lepanto en Córdoba, donde estuve realizando mi servicio militar. Un día, le llego la información de que había un profesor de yoga en su regimiento. Me mandó llamar a su despacho y casi según entraba me dijo: «Yo he leído y hecho algo de yoga tanto físico como mental». La entrevista fue tan amena que paso más de una hora sin que nos diésemos cuenta del tiempo. Me dijo que volviese al día siguiente, en el que me propuso ser como una especie de ayudante personal. Desde ese día se labró una relación autentica y profunda. Él al igual que yo, se sentía por completo alejado del mundo altamente violento que se vivía de manera habitual en los cuarteles, más en esa época. Con él y con el Hermano Pedro comprendí —bien pronto— lo

peligroso que es generalizar o tener una visión estereotipada de un gremio o sector de la sociedad. Antonio era
muy culto y le interesaban también los temas espirituales.
Hablábamos de todo, tenía una gran confianza en mí, a
pesar de la diferencia de edad y de su rango militar. Me
permitió ayudar, ser de gran utilidad a personas que estaban fuertemente inadaptadas y presionadas ante tanta parafernalia y disciplina cuartelaría. Atendía a todo lo que le
planteaba con profundo interés y gracias a esto creo que
hicimos mucho bien a mucha gente. Finalmente, fue un
acierto volver a España. Gracias.

Jiddu Krishnamurti. Lo conocí en 1977 en Saanen
(Suiza). Durante diez días, Danilo y yo tuvimos la oportunidad de asistir a las conferencias diarias que él daba allí
en verano. En las tardes, nos reuníamos los que estábamos
allí y repasábamos sus conferencias, creando un pequeño
debate sobre lo que el Maestro había hablado en las maña-
nas. Yo ya había leído algunos libros de él y sabía cómo su
vida desde bien pequeño había estado acompañada de un
profundo halo de misterio, carisma y respeto. Se le consi-
deraba en vida no solo como un auténtico Maestro Espiritual, sino como uno de los pensadores más influyentes
del siglo veinte. Me impresionó no solo lo que decía, sino
cómo lo hacía. Siempre invitándote a investigar conjuntamente, a esclarecer la mente, apuntando a lo Supremo
con tanta fuerza de transmisión que te hacía sentir en cada
charla la profundidad de lo que realmente somos. Tenía

una mirada que pareciese mirar al cielo. Era muy «serio» en sus explicaciones y se notaba el inmenso respeto que tenía por cada uno de nosotros, lejos de cualquier extravagancia de devoción e histerias que se vivían por aquella época alrededor de los «gurús» venidos de Oriente. Fue un tiempo que acentuó mucho el rumbo de mi indagación interior. Gracias.

Cayetano Arroyo. Me va a ser muy complejo hablarte de la relación que tuve con Cayetano y de todo lo que me aportó. Todo en él venía acompañado de una profundidad tan insondable, de una magia, en el sentido más bello de esa palabra, de un enigma tan fuerte, que es difícil volcarlo en palabras.

Me vas a permitir que me extienda en tratar de describirte y acercarte a Cayetano, aunque todo lo vivido con él daría para escribir un libro. Como dije en la introducción, él y su enseñanza han sido uno de los impulsores para decidirme a terminar de escribir este libro. Será necesario ir contándote...

Cuando yo tenía doce o trece años, sentía una llamada muy fuerte por comprender todo este enigma de vivir y morir, me hacía cantidad de preguntas acompañadas de fuertes sentimientos de búsqueda. Recuerdo quedarme hipnotizado con las películas sobre las vidas de Moisés o de Jesús, de personajes —como Ulises— en los que se entremezclaban la épica y la santidad, lo mítico y lo humano. Imaginaba lo maravilloso que sería poder estar cerca y aprender de un místico ('el que desvela el misterio') de verdad. También, me interrogaba si eso solo ocurría en otros tiempos ya lejanos.

En 1979, estando ya en Málaga, recuerdo fijarme en unos escritos que aparecían cada cierto tiempo en el Diario Sur bajo el título: *Diálogos con Abul Beka*, firmados por un tal Cayetano Arroyo. No eran muy extensos, pero tenían una profundidad impresionante, y tanto a Danilo como a mí nos tenían fascinados. Yo no sabía entonces si Cayetano era una persona viva o muerta, a veces me imaginaba a un sabio ya en la ancianidad. Te puedo decir que esperaba expectante empaparme del profundo sentimiento y conocimiento de esos diálogos que luego formarían parte de su primer libro, titulado precisamente: *Diálogos con Abul Beka* (escribió once libros que te recomiendo fervorosamente). Un día, mi amigo y alumno Juan Medianero, quien sabía de mi devoción por esos escritos, me dijo: «¿Enrique, quieres conocer a Cayetano? He estado con unos amigos en Ronda y lo he conocido. Es un ser fantástico, es profesor de dibujo en un instituto, tiene tu edad, le he hablado de ti y él te quiere conocer». Me quedé más que perplejo, la persona que escribía esos esperados escritos existía y era un joven de mi edad (26 años entonces), sentí como una mezcla de alegría y excitación muy fuertes. A las pocas semanas, Juan me comentó que Cayetano vendría a Málaga y que le gustaría verme. Quedamos en que se pasarían el viernes al final de una clase que yo tenía por la tarde en la barriada del Palo. Se presentó junto con Juan un poco antes del comienzo de mi clase, un joven de aspecto árabe con barba no muy tupida, de mediana estatura, delgado, con unos ojos bellos y muy penetrantes. De la manera más natural me dijo: «Hola Quique, ya era hora». Me quedé estupefacto, como clavado en el suelo. Quique solo me llamaban mi familia y mis amigos de juventud en Madrid, y el «ya era hora» venía con una media sonrisa, que sentí que me hablaba de algo muy antiguo en mí, como era mi búsqueda interior. Tuve un sentimiento dificilísimo de describir. Cuántas veces ha resonado esa frase dentro de mí. Se dieron cuenta de que no era el final de la clase, sino el comienzo y quedó en que esperaría dando una vuelta a que yo terminara. Aprovechando le dije: «Cayetano ya que estás aquí, ¿te importaría darnos una pequeña charlita a mis alumnos y a mí?». «Si tú lo ves conveniente, lo hacemos», respondió, así de directo. Estaban en la clase junto a mis alumnos, mis amigos Ana Rodrigo y Javier Monforte y mi compañera Pilar. Él se sentó en un pequeño banco hecho de obra desde donde yo a veces hablaba a mis alumnos durante las clases y me dijo que me sentara a su lado. Después de un dilatado y sólido silencio, dirigiéndose a los allí presentes preguntó: «¿Dé que os gustaría que hablase?», y a la primera pregunta que surgió sobre sus escritos, empezó a hablar. Entenderás bien lo que voy a compartir contigo; en ese momento supe que mi vida entraba en un nuevo ciclo, me sentía lleno de excitación y agradecimiento, sintiendo de una manera muy honda que mis «llamadas» habían sido escuchadas. También vislumbré un profundo compromiso, la vida reclamaba, para ese viaje que comenzaba, mi total entrega y autenticidad.

Después de una charla de altísima intensidad espiritual, nos despedimos con un apretón de manos, muy cerca el uno del otro, me dio las gracias y me dijo que estaríamos en contacto.

Ana, Pilar, Javier y yo nos fuimos a cenar, estábamos los cuatro entre colmados y desconcertados, parecíamos estar en las nubes. Tanta sabiduría, tanta verdad, en un joven de nuestra edad. Javier y yo, a los que ya de adolescentes nos encantaba «filosofar», nos mirábamos entre incrédulos y maravillados. Aun así, todos estábamos tranquilos y alegres, precioso día, entrañable cena, que está en lo más profundo de mi Alma.

A la mañana siguiente, vino a buscarme a casa —yo no tenía aún teléfono— mi amigo Antonio Dopico para decirme que Cayetano le había llamado para decirle que fuéramos a comer un arroz en el campo con él y un grupo de amigos. Yo la noche anterior había tenido un sueño muy vívido con él, me hablaba de cosas muy profundas, pero yo no le oía ni entendía bien. Al llegar al sitio donde íbamos a comer, me pidió: «Quique demos un paseo». Yo, un poco turbado, le dije que sí y de pronto me dijo: «Hemos estado hablando esta noche, pero había interferencias y no me entendías bien, vamos a pasear juntos». En aquel paseo ocurrieron cosas inefables, dificilísimo de transmitir en palabras, mi percepción estaba tremendamente abierta igual que mi corazón y mi mente. Todas las cosas que percibía —el bosquecillo por donde paseábamos, los animales y sus sonidos...— las sentía unidas entre sí y con nosotros también. Cayetano, hablaba muy pausadamente con largos silencios ¡que le transmitían tanto a mi corazón!, y percibiendo lo que yo sentía, me dijo: «esto que estás experimentando ahora es lo que llamas meditación y en otras tradiciones se llama comunión». El final de esa palabra (unión) resonó en todo mi cuerpo, todo el paisaje estaba claramente ralentizado. Lo miré lleno de dicha y agradecimiento, pasó un buen «tiempo» fuera del tiempo, verdaderamente increíble, un gran regalo.

A partir de ese día, establecimos una relación profundísima. Era mi Maestro y mi amigo, teníamos la misma edad y por así decirlo, la misma «onda». Colaboramos en distintos proyectos —siempre con una vertiente profundamente social y educativa— nos veíamos con cierta asiduidad, aunque el viviese en Ronda y nosotros en Málaga. Establecimos que una vez al mes (normalmente los últimos viernes del mes) habría un encuentro con él en el centro de yoga. Reuniones más que multitudinarias donde lograba reunir a la gente más variopinta. En estos encuentros, que los mantuvimos a lo largo de los años, siempre había un comentario que flotaba en el ambiente: *este hombre transmite Verdad*. Había un hilo de familiaridad ancestral entre nosotros, se venía con mi familia —por la que profesaba un enorme cariño— de veraneo a Mallorca, compartimos tan intensos momentos, tantas experiencias que, sin un ápice de exageración, te diré que sobrepasa todo lo soñado por mí, cuando de joven me preguntaba sobre qué experimentaría y sentiría al lado de un verdadero Maestro.

Cayetano, además, era un ser humano del Renacimiento. Licenciado en Bellas Artes, profesor de instituto, pintor, restaurador, escritor, ecologista (de los primeros en la Serranía de Ronda). Fue un adelantado en el mundo informático, ya en la década de los ochenta andaba con su portátil, en el que escribía sus textos. Junto con un grupo de amigos tenía una especie de ONG para ayudar a los más desfavorecidos Ronda y los pueblos de alrededor.

Estuve codo a codo con él, aprendiendo, ayudando y disfrutando, hasta el día de su temprana muerte, ya anunciada varios años antes de enfermar.

Ha sido la persona más determinante en llevarme de la mano a vivenciar que somos más de lo que cada uno piensa o siente que es. Que todo esto de Vivir es mucho más profundo e interesante de lo que a primera vista nos parece. Mi caudal de gratitud, cariño y admiración, cada día, están presentes. Gracias.

John Pierrakos. Junto con Alexander Lowen, era uno de los discípulos más apreciados por el psicoanalista y padre de la psicología energética, Wilheim Reich.

Lo conocí en Madrid, en unos encuentros de formación de corenergética a los que asistí. Desde el primer momento me maravilló su forma de crear y dirigir los grupos. Era muy paciente y entrañable, tenía una manera muy clara y respetuosa de abordarnos en las prácticas. Me enseñó a ver la anatomía del dolor emocional inscrito en nuestro cuerpo, cómo comprenderla, movilizarla y transformarla. Noté perfectamente la corriente de afecto que surgió entre nosotros en esos encuentros, le gustaban mis preguntas y a mí me maravillaban sus respuestas. Tenía una sonrisa realmente particular y sonreía mucho. Nos planteaba unos ejercicios que ponían mucha luz en nuestra mente más subjetiva. Recuerdo al comenzar un encuentro, estaba hablándonos de pie delante de una mesa que parecía ocultar algo bajo un gran pañuelo. Nos dijo que nos tomásemos quince minutos para escribir en una hoja de papel los tres problemas más fuertes o graves por los que atravesaba nuestra vida. Pasado el tiempo, desveló lo que había debajo del pañuelo: un globo terráqueo abierto por arriba a modo de papelera. Nos dijo que podíamos doblar nuestro papel y «darle al mundo» nuestros problemas. Solo había una regla: el mundo nos podía dar a cada uno de nosotros otros tres problemas que estuviesen sucediendo en él. No hace falta explicar por qué nadie se levantó. De este modo, nos transmitió que nuestros problemas cuando los transformamos —llevándolos o resolviéndolos— inciden (cómo no) en la energía colectiva y, además, activan nuestras dormidas potencialidades. Una de sus preciosas lecciones. Nos recordaba que todos teníamos el compromiso social de liberarnos de nuestra propia coraza y armonizarnos para ayudar a un mundo tan dolorido. Aunque sus seminarios nos dejaban exhaustos y removidos por la intensidad de las prácticas, siempre salías con una sensación de liberación. Gracias.

Manolo Franco. Fue un famoso sanador, en el sentido más amplio de la palabra. Tenía un profundo conocimiento de las propiedades de las plantas y la capacidad de ver lo que aparentemente no se ve, era lo que se llama «un psíquico». Yo lo conocí por amigos comunes, y aunque tenía fama de algo huraño e inaccesible, enseguida conectamos. Desde el primer momento sentí que nos habíamos caído «francamente» bien. Hablábamos largo y tendido de lo divino y humano, era una persona con la «visión» abierta, sin ninguna duda, y con unas ganas enormes de ayudar a mejorar los cuerpos y las almas de los seres humanos. Tantos encuentros en la azotea de su casa compartiendo charla y aperitivo. Percibía la conexión energética que teníamos y su interés por cuidarme y ayudarme. Me cautivaba su claridad de comprensión, explicada de una manera aparentemente sencilla, pero profundísima. Aunque era una persona muy cuidadosa de su intimidad, accedía sin dudarlo a cualquier solicitud que le proponía, no solo con pequeños grupos, que es lo que a él más le gustaba, sino incluso en el centro de yoga ante un aforo mucho más numeroso. He asistido a algunos de sus «trabajos» y conexiones, que, aunque eran espectaculares (casi de película), él las vivía dentro de una gran normalidad, que luego explicaba y compartía con nosotros. Gracias.

Swami Satyananda. En 1983, la Comunidad Hindú de Málaga se puso en contacto conmigo para decirme que este importante Maestro estaba descansando en la ciudad, que iba a haber dos eventos públicos, y que si podía ayudar en su difusión. Yo acepté encantado, pues sabía que era uno de los discípulos más considerados del famoso Maestro Swami Sivananda, y «hermano», por así decirlo, de Swami Chidananda, mi Maestro inspirador en el mundo del yoga. Además de a mis alumnos, mandé información a los pocos profesores de yoga que había en aquel momento en Málaga, también se lo comuniqué a mis amigos de aquel legendario C.I.C.E. (Centro de Investigación de Ciencias Especiales) por el que pasaban muchos malagueños con ganas de profundizar en el misterio de la vida.) El primer encuentro fue en el hotel Málaga Palacio, me gustaron muchísimo su presencia y su didáctica. La conferencia versó sobre la incidencia de las prácticas de yoga en nuestra energía psicosomática. Solo puedo calificarla de magistral, muy esclarecedora. Al terminar, los organizadores me lo presentaron, estuvimos un buen rato charlando. Vi perfectamente su mirada serena y bondadosa en su apacible rostro y sus ganas de hacerse comprender. Quedamos en vernos a los dos días. En el segundo evento iba acompañado por la yoguini Swami Satsangui. Al terminar, uno de los organizadores me dijo que tanto mi pareja Pilar como yo estábamos invitados a tener un encuentro personal con el Maestro al día siguiente por la tarde. Les comenté si podría acompañarnos un alumno mío que se había quedado maravillado con el Maestro, me contestaron que por supuesto sin problema. Fue un encuentro muy afectuoso, hablamos de todo, tenía la habilidad de hablarnos a los tres conjuntamente y a cada uno individualmente. José María Gómez, mi alumno —que era taxista— no paraba de hablarle del clima y la comida de Málaga. Nos confesó que le hubiese encantado ir a dar una vuelta y cenar con nosotros, pero que tenía todavía que atender varios compromisos. Salimos agradecidos, muy contentos, colmados de buena energía.

Semanas después de su visita, me llegaron varias personas a las que el Maestro les había aconsejado muy persistentemente practicar yoga en nuestro centro. Gracias.

María Luisa Gómez Aracil. Creo que no hay nada que satisfaga tanto a un profesor como el tener buenos alumnos. Entendiendo por buenos, aquellos que notas que asimilan las enseñanzas, las ponen en práctica en la cotidianidad de sus vidas y establecen un vínculo estable y seguro (de cuidado reciproco) con la propia escuela. Reconozco que la vida me ha permitido ese disfrute de una manera altamente generosa, pues han sido muchos los alumnos, muchos, que metería dentro de este círculo.

El «caso» de María Luisa es bastante excepcional, pues toda su familia ha contribuido sin ninguna duda a que nuestra escuela sea un poco mejor. Su hermano

Rafael y su cuñada Patro cedieron su casa en nuestros primeros tiempos en Málaga, para poder dar allí las clases cuando nosotros aún no teníamos un sitio fijo donde impartir la enseñanza. Su marido Germán fue para mí como un hermano mayor. Siempre tan respetuoso, sensato y a la vez tan implicado, todos sus consejos eran siempre muy apropiados. Sus hermanos, Carlos, Enrique, su cuñada Victoria, sus hijos, sus sobrinos, todos han estado y están participando con nosotros en la escuela de yoga. Y tú, María Luisa, que decir de ti, siempre tan jovial, llena de alegría e interés en vivir, en aprender, no hay palabras para expresar lo contento que estoy de ser tu profesor y amigo durante tantos años, ya hacia los cuarenta juntos. Eres bien importante para mí y mi familia. Gracias.

Babakar Khane. Profundo investigador del yoga terapéutico y también de los «yogas olvidados»: el yoga chino, muy vinculado con el legendario monasterio Shaolin, y el yoga irano-egipcio. He tenido la suerte de coincidir en varios seminarios y convivencias con este original investigador y profesor de yoga. Cuando lo conocí en Madrid, vino invitado por la profesora Margot Paccaud, y allí realicé un par de cursos con él. Luego lo invité un par de veces a Málaga a compartir su enseñanza con mis alumnos. El día anterior a su seminario le gustaba que meditásemos juntos, bien pronto a la mañana. Luego desayunábamos en algún sitio típico y dábamos grandes paseos por mis lugares predilectos de esta maravillosa ciudad. Me encantaba su manera tan pausada a la hora de explicar cualquier tema, físico, psicológico y espiritual. Profundamente intuitivo, con una percepción bien nítida de los planos sutiles del ser humano, a veces me sorprendía todo lo que captaba de mi mundo más interior. Compartía conmigo anécdotas de viajes y vivencias que, sin duda, me inspiraron mucho. Gracias.

Frank Rebaxes. Mi aventura con Frank se podría *titular Crónica de una amistad desaseada*.

Yo ya sabía de Frank a través de mis amigos Teresa Velasco y Aurelio Ariza, que eran muy cercanos a él. Aurelio lo ayudaba en muchas de sus indagaciones, de sus móviles y esculturas. En los círculos artísticos de Málaga, Frank era una persona muy conocida, era un reputadísimo diseñador de joyas, con una historia detrás llena de éxito en Estados Unidos. Tenía la tienda-casa más bonita de todo Torremolinos, diseñada por él y decorada en estilo modernista, en plena calle San Miguel, donde se instaló a su llegada en la pasada década de los sesenta. Tenía fama de inaccesible y extravagante. Cuando alguien hablaba sobre él, sentías que a esa persona de alguna manera le había impactado conocerlo. Por Aurelio sabía que llevaba muchos años en un proyecto científico y escultórico bajo el nombre de «Óvulo» que trataba de descifrar las claves de la relación forma-función: «La rueda, rueda porque es redonda o es redonda porque rueda», solía decir. De muy tarde en tarde, accedía a contar sus investigaciones, así como a mostrar su estudio (su sanctasanctórum) a personas que no fuesen de su círculo más cercano. Un día yo fui uno de estos afortunados. Me acuerdo perfectamente de mi impresión al conocerlo; era un hombre ya con una edad, pero tremendamente atractivo y desconcertante, con abundante pelo blanco y barba gris, unos ojos azules que miraban como indagando a través de sus gafas redondas, y provocaban una sensación, solo algo velada, de estar ante alguien que había vivido mucho, juguetón, y con una manera de moverse extremadamente jovial. Solo te puedo decir que conectamos, pero de una manera tan intensa, que en los años siguientes y hasta su muerte estuvimos muy unidos. Dos o tres sábados al mes —durante años— cenábamos en su casa, Pilar, mi hija mayor Cristina —todavía no había nacido Diana— y yo. Su mujer Paulina (Paula Shwartz) tenía autentica adoración por mi hija Cris, ellos no habían tenido hijos. Nos esperaban con verdadera expectación, igual que la nuestra al ir a verlos. Han sido tantas noches, tan intensas, cómo nos cuidaban, cómo sentías que confiaban en nosotros y nosotros en ellos. Llegábamos por la tarde y mientras Paulina, Pilar y mi hija jugaban e investigaban en la tienda, Frank y yo nos íbamos al bar El Toro a tomar un café mientras charlábamos de lo divino y lo humano viendo la gente pasar. Tantas tardes llenas de profundidad, de plenitud. Yo era consciente de estar al lado de un auténtico sabio, me emociono al recordarlo y compartirlo contigo. Subíamos al estudio donde Frank nos explicaba todas sus investigaciones sobre la

«Lemniscata» es decir todo lo que esconde la espiral y sus infinitas variaciones, nos hacía volar con esa Alma inmensamente brillante.

Fuimos de gran compañía durante la enfermedad y muerte de Paulina, magnifica y profunda mujer. Ayudamos a que la obra de Frank llegara al C.E.S.I.C. por su vertiente científica y al Colegio de Arquitectos de Málaga y al Ayuntamiento de Málaga, en su calidad artística.

Lo acompañe al Aeropuerto, junto a Aurelio, cuando marchó a Estados Unidos a realizar su exposición en el famoso M.I.T., sabía que no lo volvería a ver, murió poco después de su exitosa exposición. Tantos momentos, tantos sentimientos, conversaciones, revelaciones, tantas cosas juntos. Estáis tan presentes, en mí y en mi familia. Gracias.

Pedro Artero. Recuerdo con nitidez el día que vino a conocerme. Enseguida vimos que nos interesaban los mismos temas; la salud, la educación, el movimiento, el conocimiento. Cuando se despidió, ya por la noche al llegar a casa, le comenté a Pilar que había conocido a un chico de mi edad, que era profesor de Educación Física y que estábamos en la misma frecuencia: «creo que haremos cosas juntos», le dije esa noche. Luego vino una relación total, de amistad profunda, de verdad, de hermandad, de confianza plena, de buscar cualquier momento para compartir, para estar reunidos, unidos. Durante años veraneamos juntos con nuestras familias, cuántas veces recuerdo los baños al atardecer en las playas de Bolonia (Cádiz), con su preciosa mujer Marisol, tristemente fallecida ya hace cinco años. Cuántas risas, Sol, como nos contagiamos de la pureza de tu risa. Mis hijas jugando en la arena con sus hijos Rubén y Violeta. Fueron años de vacaciones idílicas. Esas cenas en la maravillosa terraza de Los Jerezanos, paseos, charlas, lecturas. Pedro y yo nos reíamos mucho, porque de vacaciones desconectábamos de todo el trabajo con suma facilidad. Solo nos importaba el estar de la familia, del viento, del mar. Ya a nivel profesional, creamos nuestra empresa Cinesis, contratados tanto por el Ayuntamiento de Málaga como por la Junta de Andalucía. Creamos un programa integral que contemplaba el movimiento, la respiración, la relajación y la integración social. Totalmente específico para los «mayores», para la llamada tercera edad. Como socios nos compenetrábamos de maravilla y teníamos una confianza y generosidad total entre nosotros verdaderamente encomiable, que revertía en nuestra relación y trabajo, en nuestros magníficos trabajadores, y en todos los «usuarios» de nuestros programas. Es el amigo que sabes que está siempre, los dos sabemos lo conectadas que están nuestras almas (profundas experiencias), y todos los buenos momentos que creamos, que sentimos, sencillamente estando juntos. Gracias.

Claudio Naranjo. Precisamente junto con Pedro Artero, dirigimos en 1986 un interesante curso para la Unisport (Universidad Deportiva de Verano), cuyo tema era:

«Distintas aproximaciones a la relación cuerpo- mente», donde estaban ya invitados distintos profesionales de visiones muy diversas, pero complementarias. Pensamos, con el claro apoyo de Pedro Rodado, por aquel entonces director de la Unisport, que la «guinda» de este amplio curso sería traer a Claudio Naranjo, un entonces ya conocidísimo psiquiatra, uno de los más reputados terapeutas Gestálticos del mundo. Le mandamos una invitación a la Universidad de Berkeley en California, no con demasiada esperanza de una respuesta. Para nuestra sorpresa, nos contestó aceptando la invitación, solo puso una condición: quería conocernos primero en persona a Pedro y a mí, eso para él era muy importante. Tenía previsto pasar por Madrid, y nos dio un teléfono de contacto para que lo llamásemos llegado el momento. Nosotros estábamos exultantes, no nos lo creíamos ya que a Claudio —además de ser un reconocidísimo terapeuta— le acompañaba una especie de aureola muy enigmática. Así lo hice, lo llamé, tenía un timbre de voz muy agradable, hablaba muy despacio y, después de unos minutos de conversación muy interesante, me dijo: «Mira, si pudiésemos quedar a comer en un restaurante armenio te lo agradecería». Yo al colgar el teléfono, me quedé estupefacto, justo en frente de la casa de mis padres en Madrid —donde yo me encontraba— estaba uno de los mejores restaurantes armenios del momento. Fue un encuentro extraño con mucha magia, Pedro y yo habíamos invitado a esa comida a Danilo que vive al lado. Claudio llegó acompañado por Memo

(Guillermo) un terapeuta mexicano. Conocer a una persona como Claudio, del que yo tenía tantos referentes, me hacía estar algo exaltado, pero a la vez muy cómodo, comodidad muy propiciada por el estar y la manera de hablar de Claudio. Fue una comida muy particular, llena de pequeñas historias y fuertes sensaciones, donde todos sentimos que nos encontrábamos muy bien. Y allí nos confirmó su presencia en el curso. Eran cursos de una semana y entre la inauguración, la docencia y la clausura íbamos a convivir ocho días muy intensamente con él. Evidentemente el curso colgó el cartel de «completo», con cien participantes aproximadamente. Desde el momento en que Claudio llegó, se estableció entre nosotros una relación de confianza. Estábamos juntos prácticamente a todas horas, en el curso mostrando los ejercicios con él, en las comidas y luego enseñándole la ciudad, era la primera vez que visitaba Málaga y creo que Andalucía también. Muchas noches dábamos tranquilos paseos antes de llevarlo al hotel. Escucharlo era fascinante, tantas experiencias, tantas anécdotas, con personas que para mí habían sido auténticos referentes en mi investigación interior y que para él eran sus colegas o amigos. Siempre parecía haber algo oculto, enigmático en él, pero sentía que habíamos conectado. Me hablaba de sus proyectos, entonces estaba creando un centro de formación en Babia (Almería), y quería que yo participase en el área de yoga y meditación.

Vivimos varias anécdotas muy particulares, una vez le presentamos Pedro y yo a Cayetano Arroyo, comimos los cuatro debajo del centro de yoga en la antigua cafetería Horizonte, un tiempo compartido maravilloso, increíble. Al marcharse Cayetano de vuelta a Ronda, Claudio muy serio y como si «rumiase» algo, dijo: «Qué maravilla de ser, está en lo más alto del desarrollo humano». Luego, por la noche estuvimos hablando largo y tendido sobre todo lo ocurrido en aquella mágica comida. Ese momento y muchos otros vividos con Claudio los guardo como un auténtico regalo de vida. Gracias.

Peter Yang. Fue mi Maestro de taichí. Una persona tremendamente polifacética; era sacerdote cristiano, doctor en medicina por la universidad de Barcelona, empresario, presidente de la asociación de restaurantes chinos en España, y creador de su propio sistema de taichí al que denominaba *Tai-Chi Zen*. Consistía más en un fluir con el movimiento circular que en aprender estrategias de ataque y defensa. Participé de su enseñanza en distintos cursos en Madrid y también en Barcelona donde él residía. Luego lo invite tres veces a venir a Málaga, a que compartiera su enseñanza con mis alumnos. Era muy metódico y no le importaba repetir un determinado movimiento cuantas veces fuera necesario. Sus seminarios tuvieron una gran acogida. Cuando venía a Málaga, y gracias a la mediación de mi alumno Carlos Mesa, daba Misa en El Sagrario dentro del recinto de la catedral de Málaga. Esto le hacía enormemente dichoso. Cuando terminaba el seminario, me llevaba a algún restaurante chino que él quería visitar.

Aprendí mucho de él y con él. Siempre estaba diciendo refranes con mucha enjundia, me enseñó a manejar bien los palillos chinos para comer. Decía: «Hombre que no puede manejar palillos no puede manejar su vida», «Rapidez más rapidez te pegas con la pared», «Tranquilidad más tranquilidad suaviza cualquier dificultad». Y así te podría contar unos cuantos dichos que, escuchados en él, te invitaban tanto a la risa como a la reflexión. Siempre me preguntaba por mi sentir, la familia y la economía, en ese orden, de todo ello hablábamos largo y tendido. Sentía su cariño y confianza y el captaba esos mismos sentimientos en mí. Yo sabía que era un honor aprender tanto de un ser tan extraordinario. Gracias.

Carmen Valdivia. Con ella he tenido la suerte de tener a la colaboradora perfecta, y mira que he tenido magníficos colaboradores. La conocí en unos momentos muy duros para ella. Se apuntó a mis clases, a las que venía regularmente y no se perdía conferencia allí donde yo la diese. No paraba de practicar, estudiar y al cabo del tiempo se convirtió en mi ayudante. Es médica de profesión, pero entonces no ejercía. Yo sentía, de una manera muy profunda, que ya la conocía, había una corriente de conexión, de gran afecto y familiaridad entre nosotros. Trabajar codo con codo con ella ha sido un lujo para mí, profundamente intuitiva y amena en sus clases. Ella, siguiendo el hilo de nuestra enseñanza, la llenaba de su personal sello, siempre apoyada en sus propias prácticas y conclusiones.

Es una de las personas verdaderamente importantes en mi vida. Curro, su pareja, como médico especialista en traumatología se unía a nosotros en nuestras investigaciones sobre el movimiento consciente, compartiendo estudios y comprobaciones. Ella, insisto, representa la quintaesencia perfecta de todos los colaboradores que nos han ayudado en la enseñanza del yoga integral durante tantos años. Mi agradecimiento por su ayuda durante tanto tiempo está muy presente en mí, así como su enseñanza, en su enorme capacidad de superación ante las dificultades de la vida, en su creatividad, también en su cuidado hacia su familia y amigos. Aunque pasemos tiempo sin vernos, los dos sabemos que nos une un hilo intemporal, siempre tú y tu familia, en mi corazón. Gracias.

Ernest. L. Rossi. Neuropsiquiatra, probablemente una de las personas que mejor supo comprender e integrar la enseñanza de Milton Erickson. Tuve la suerte de realizar dos seminarios con tan magnífico profesional y persona. En sus charlas y ejercicios prácticos, no se paraba de aprender sintiendo. Profundo conocedor de la relación cuerpo-mente, era tremendamente «elegante» a la hora de llevarte a bucear a las profundidades de ti mismo. Me encantaba oírlo hablar de neurogénesis, de la neuroadaptabilidad de nuestro sistema nervioso, así como de la capacidad de multiconexion y renovación de nuestro cerebro, también de los muchos avances neurocientíficos en los que él era un gran pionero. Magnífico orador y

guía terapéutico, considerado uno de los mejores hipno-
terapeutas de este tiempo. Persona muy cercana, con una
capacidad para «leer» lo que no estaba explícito en tus
preguntas, te dejaba realmente impresionado. Recuerdo
que el segundo seminario al que asistí fue después de que
él sufriera un ictus del que se recuperó espléndidamen-
te. Nos contaba que el ictus le había desatado su sentimiento, que se notaba más abierto a expresar su mundo
emocional. Compartió con nosotros algo que me pareció
profundamente amoroso. Nos dijo que le encantaba ir a
seminarios de alumnos suyos y participar en el encuentro
como un estudiante más, que eso le llenaba de felicidad y
le hacía sentirse muy cerca de sus alumnos. Escribiendo
este libro he sabido de su reciente fallecimiento. Hombre
bueno. Descansa en Paz. Gracias.

Dhiravamsa. Es un exmonje budista tailandés, con el que
he tenido la suerte de compartir muy buenos momentos.
Muy interesado en la Cultura y psicología occidental. Con
treinta y siete años cuelga los hábitos de monje y decide
llevar una vida laica que le permita integrar mejor sus pasiones: la vida, la docencia, la meditación y la psicología.
Durante estos últimos cincuenta años ha viajado prácticamente por todo el mundo, impartiendo cursos, creando
grupos de trabajo y escribiendo magníficos libros para el
despertar de la armonía y bondad humana. Lo invité varias veces a venir a Málaga a compartir su enseñanza. Recuerdo la primera vez que le fui a buscar al aeropuerto. Me

encontré no solo a un reconocido maestro de meditación, sino a una persona tremendamente asequible, con auténticas ganas de conocerme y conocer a la gente a la que enseñaba. Se fijaba en todo, tenía esa mirada que a veces ves en los niños, como de sorpresa. Muy cariñoso con Pilar y mis hijas, le gustaba mucho dar paseos y entrelazar largos silencios con preguntas profundas o cuestiones cotidianas del vivir. Sus cursos eran una mezcla perfecta de tradición oriental y modernidad occidental. Más de una vez me comentó que se entendía mejor el budismo esencial en Occidente que en Oriente. Una de las veces que lo llevaba de vuelta al aeropuerto, hablamos en profundidad sobre la muerte: «No muerte Enrique, cambio, solo cambio». Hace apenas una semana me han notificado su muerte, su cambio. Por todo, Gracias.

17

Ser agradecido

Siempre me encantó ese refrán que dice «es de bien nacido ser agradecido».

En este capítulo voy a refrescarme el corazón con ese sentimiento tan conectivo, tan amplio, tan maravilloso: la gratitud. Al hacerlo honro una vez más la fuerza de nuestros vínculos.

Comienzo por el círculo familiar, que como ya sabes forma parte importante de nuestra línea o rama de vida.

Permíteme empezar por las personas que me dieron esta oportunidad de vida y que reciben mi primer sentimiento de profunda gratitud: mi madre María y mi padre Enrique. No solo por ser buenos padres llenos de generosidad y por crear un hogar donde uno se sentía muy a gusto y querido, sino además por ser muy buenas personas. En mi madre siempre tuve el cobijo cálido y necesario, y mi padre, de una manera soterrada, respetuosa, nos transmitía su impulso para que tratásemos de dar el máximo y lo mejor de nosotros mismos. También me transmitió su capacidad de celebrar la vida. Gracias.

Y sigo dando las gracias.

A mis hermanas Maribel y Carmen Rosa por una infancia muy compartida, feliz. Maribel, mi primera introductora en el mundo de la imaginación con sus maravillosos cuentos y juegos. Carmen Rosa, por su inmenso y constante cuidado y por hacerme cómplice de sus inquietudes. Porque sé y siento que siempre están ahí, y por tener entre ellas mismas un magnífico vínculo que me ha permitido llevar mejor mi lejanía de ellas. Han sido las primeras lectoras del borrador de este libro.

A mi compañera Pilar, por acompañarme tanto tiempo (tenías veinte años cuando nos conocimos), ¡por tantos momentos!, por vivir la intensidad del amor de pareja, por haber formado juntos nuestra familia. Dedicada madre, portentosa abuela.

A mis hijas Cristina y Diana, verlas, sentirlas, trabajar y aprender con ellas me colma y me hace confiar aún más en la buena dirección de la evolución humana. Mis momentos «relajadamente felices» han sido fundamentalmente con ellas. Son muy importantes y determinantes en todos los aspectos de mi vida.

A mi nieto Leo, la novedad en nuestra vida. Es maravilloso recordar sintiendo la ternura y la pureza. Me ha enseñado ya tantas cosas, y eso que tiene tres años. Tan de repente, se ha erigido en el centro del paisaje que más me gusta mirar y habitar. Además, se ha convertido en mi entrenador personal.

He conocido solo a dos de mis cuatro abuelos. Mi abuela Antonina, madre de mi madre, y mi abuelo Antonio, padre de mi padre, ambos en mi corazón. Gracias

Suegros, tías, tíos, sobrinas, sobrinos, cuñadas, cuñados, primas, primos, «yerno». Repartidos en tan hermosos lugares como «el cielo», Málaga, Madrid, Segovia, Cataluña, Asturias, Francia, Alemania, Chile, Venezuela. A todos, gracias.

Bueno, no me quiero extender más con una cosa tan personal como mi familia, pero sé, querido lector, que lo entiendes perfectamente, porque he tratado de significar una y otra vez que venimos como en racimos, que somos, que nos hacemos, en relación.

Tampoco entro a nombrar en detalle a mi círculo de amigos. La amistad la reconoces por las ganas de encuentro que se tiene hacia el otro y por el natural sentimiento de comprensión y cuidado que tú sientes y estos te manifiestan. Saber compartir y celebrar en las «maduras» y acompañarte y sostenerte en las «duras». Llevarte en el pensamiento y sentimiento; eso es amistad. La verdad, la vida me ha engrandecido con bastantes de ellos, algunos ya fuera de la corporeidad. Ellos están también en mi línea de vida.

Quisiera en mi «compadre» Román González hacer un pequeño homenaje a todos los amigos que ya no están, pero que siguen conmigo.

Aunque evidentemente todos no aparezcáis aquí, unos y otros, los que seguís aquí o estáis «allí», sabéis quiénes sois y lo importantes que sois para mí. Gracias.

También quiero agradecer a mis vecinos el haber labrado la magnífica relación de vecindad que tenemos.

Querría hacer extensible mi agradecimiento, aunque evidentemente de otra manera, a las siguientes personas, organizaciones y lugares.

Grupo Abul Beka de Málaga. Así nos llamaban algunos, a lo que solo era un grupo de personas en torno a la figura y enseñanza de Cayetano Arroyo. Enseguida, un grupo de amigos y conocidos tomamos consciencia de la altísima Sabiduría vivencial que uno percibía en los encuentros con Cayetano.

Nos dimos cuenta de que los escritos de Cayetano, que estaban desperdigados en publicaciones dispares, debían recopilarse y estar en un libro. Consecuentemente, con el esfuerzo de todos y por supuesto del muy especial de Pilar Llanes y Antonio López Bayo —que ya tenían la librería Alef, en el centro de Malaga— nació Editorial Sirio.

Con ese grupo de amigos, de «hermanos», se han vivido experiencias totalmente inefables, en el umbral de todo lo imaginable. A todos, gracias

Grupo Advaita Yantra. Fue, y de alguna manera es, un grupo de investigación de lo que podríamos entender por «Sabiduría Perenne», que surgió en torno al centro de yoga. Últimamente a esta Sabiduría se la relaciona con lo que se ha denominado No Dualidad que es lo que significa el término Advaita.

Todos los integrantes del grupo sabéis de mi agradecimiento, estáis en mi corazón.

Grupo Gamarra. Estuve diez magníficos años enseñando y aprendiendo en el Centro de Actividades Específicas para Mayores del barrio de Gamarra, perteneciente al Ayuntamiento de Málaga. Lo fundamos y dirigimos mi buen amigo Pedro y yo, con la ayuda de magníficos colaboradores. Cuántas personas aparecéis en mi mirada interna al estar escribiendo esto, me siento honrado por el tiempo compartido con vosotros. Gracias.

Los colaboradores y alumnos del centro Yantra. Te podrás imaginar que, con un centro de enseñanza de Yoga Integral abierto ininterrumpidamente durante más de cuarenta años, han sido innumerables las personas que por aquí han pasado. Amigos como Miguel Milanés o Vicente Seguí comentan que ha pasado «medio Málaga», evidentemente una exageración, pero que apunta hacia algo muy verdadero: el número increíble de personas de todo tipo que se han acercado a comprender el Yoga Integral, que fielmente nos hemos mantenido enseñando durante tanto tiempo. Durante tantos años nos han acompañado tantísimos alumnos y muchos ayudantes, colaboradores que nos han permitido dar una mayor variedad en la enseñanza. La mayoría fueron alumnos que sintieron en las clases emerger también su vocación y dedicación como profesores, unos estuvieron más y otros menos tiempo, pero todos enriquecieron el centro con su forma de enseñar. José María Vigar, Teresa Velasco, Carmen Valdivia, Marisol Landesa, Soledad Peñalver, Miguel Bonal, Simón Flores. Gracias. Hoy mis colaboradoras y codirectoras del centro son mi hija Cristina, que lleva el área de docencia de método Feldenkrais, y mi hija Diana, que lleva toda el área de enseñanza del Yoga Integral. Ambas tienen, además, su propia consulta como psicoterapeutas, por lo tanto, siento que el centro no puede estar en mejores manos. Alumnos y colaboradores, nos habéis dado tanto. Gracias.

Los organizadores y alumnos de los cursos. Durante mucho tiempo se han impartido seminarios o cursos, también fuera de Málaga. Granada, Sevilla, Madrid, Mallorca, Ibiza y Jaca son algunos de los lugares en los que con mayor periodicidad se están impartiendo. Y, aunque a veces la temática es diversa, en todos ellos aparece de alguna manera el núcleo de este libro. Con los organizadores ya conformamos un buen vínculo: Paco del Moral, Teresa Quemada, Chema Hontoria (Sevilla); Cecilia Pardo, Juancho, Centro Kaivalya (Madrid); Carmen, Palmira, Chus, Ángel, de la Asociación de Profesores de Yoga de Madrid; Nale Parada (S'om), Nana Bertheló, Carmen Oliver, Pepe Serer (Mallorca); Elena Langa, Manuel Rodríguez, Fidel Laya (Ibiza); Marisa Lasaosa (Jaca). Muchos de los alumnos de estos seminarios son «repetidores» y crean un clima de mucha cercanía, así como de continuidad en la enseñanza. A todos vosotros, gracias.

A tantos compañeros de profesión, con los que he aprendido y colaborado durante tantos años. A todo el grupo del Instituto Andaluz del Yoga, con los que he compartido últimamente proyectos, formaciones, eventos y, sobre todo, una grata compañía.

Quisiera dar toda mi gratitud a todas las religiosas y seglares de Villa Nazaret y Villa San Pedro en Málaga.

Quiero dar las gracias también a todo el personal de la Alquería de Morayma en Cadiar (las Alpujarras), maravilloso enclave a la espalda de Sierra Nevada. Cada año al finalizar el curso, antes del pleno verano, organizamos allí un encuentro.

Agradecer a Rafa Valero todo su esmero, su buen hacer, por los encuentros sobre la No Dualidad, realizados en la Hacienda La Palmera, en la zona de acantilados de Maro.

Mi agradecimiento se dirige también hacia Marta y Tana, auténticas «jefas» del maravilloso lugar Santillan Retreat. Ese increíble lugar donde nos sentimos como en casa y donde últimamente estamos centrando algunos de nuestros encuentros en Málaga.

También quiero dar las gracias a Choni Ruiz, Pilar Villasana, Pilar Iglesias, Carlos Gómez y Antonio Delgado, por haber leído este manuscrito y haberme dado su sincero y animoso comentario.

A Sofía de León-Sotelo Gantes, Inmaculada Jabato, Vicente Seguí y José Carlos Escudero, por su paciencia en la lectura y por sus constructivas indicaciones sobre este libro.

Deseo asimismo extender mi gratitud a Pedro Artero y Manolo Rodríguez por sus valiosas aportaciones para este libro.

Agradezco mucho la cariñosa lectura que de este manuscrito han hecho el Dr. Armando Nougués y Danilo Hernández, así como su participación en él con sus indicaciones y sus respectivos prólogo y prefacio.

Quiero agradecer profundamente a Marcos Reina su contribución a esta obra. Sus manos y su corazón, ambos llenos de arte, han sabido plasmar con su dibujo (que aparece en el interior de este libro) el espíritu del mismo.

También agradezco a Antonio Delgado, por colaborar con tanto entusiasmo, como él hace siempre las cosas, en la foto para la solapa interior del libro.

Mi gratitud hacia mi hija Diana es infinita, por ser la auténtica colaboradora en la «sombra» de este libro. Sin su apoyo me hubiese sido muy difícil ordenar mis ideas y sentimientos.

Por último, quiero dar unas inmensas gracias a la ciudad de Málaga —ya nuestra casa— por haberme hecho sentir muy acogido e integrado y casi siempre un poco «de vacaciones», es una maravillosa ciudad. No solo por su conocido clima, sino por la atmósfera que la rodea, donde resaltaría su luz, su historia de mestizaje (tan interesante) y el talante de sus gentes. Hago extensivo este agradecimiento, muy particularmente, al barrio de la Malagueta y al monte de Gibralfaro, mis hábitats naturales en esta ciudad. El primero, aunque ha sufrido una especulación urbanística desmedida, brutal, sigue siendo barrio y tiene ese tempo de barrio cuando paseas por sus calles y entras en sus comercios. El segundo, además de ser el pulmón natural de Málaga, es también un auténtico santuario de flora y fauna. Espero que ambos no reciban más maltrato; sean respetados y cuidados.

Respetado lector y lectora gracias por acompañarme hasta aquí.

Paz y Amor a todos los seres. Namasté.

Referencias

Capítulo 1

Matthieu Ricard. Biólogo, fotógrafo, monje budista. Escritor de varios libros, entre ellos: *El arte de la meditación, En defensa de los animales, En defensa del altruismo*. Ed. Urano.

Dr. David J. Wallin. Psicólogo clínico, autor del libro *El apego en Psicoterapia*. Ed. Desclée De Brouwer.

Cayetano Arroyo (1953-1991). Profesor de Instituto, artista plástico, naturalista y escritor de once maravillosos libros (Ed. Sirio). Hay más información en el capítulo dieciséis.

Lao Tse (571 a. C.). Se le considera uno de los filósofos más relevantes del pensamiento oriental. Autor del *Tao Te King*. Ed. Sirio.

Capítulo 2

El Buda (563/483 a. C.-483/368 a. C.). Príncipe Indio, asceta, meditador, eremita y maestro espiritual en cuyas enseñanzas se fundó el budismo.

Josef Breuer (1842-1925). Médico, fisiólogo y psicólogo austriaco. Creador del método catártico para el tratamiento de las psicopatologías de la histeria. Su figura fue importante para el desarrollo del psicoanálisis.

Sigmund Freud (1856-1939). Padre del psicoanálisis y una de las figuras intelectuales más influyentes del S. xx. *El malestar en la cultura*. Ed. Alma.

Jean-Martin Charcot (1825-1893). Médico francés cofundador de la neurología moderna.

Simone Weil (1909-1943). *La gravedad y la gracia*. Ed. Trotta.

Capítulo 3

Dr. Bruce. H. Lipton. *La biología de la creencia*. Ed. Palmyra.

Robert D. Stolorow - George E. Atwood. *Los contextos del ser*. Ed. Herder.

Carlos Gómez Carrera. Economista y escritor. *Una masa crítica (los pilares de la salud)*, *El juego infinito*. Ed. Círculo Rojo.

John Bowlby (1907-1990). Psiquiatra infantil y psicoanalista. Desarrolló la Teoría del Apego. *Vínculos afectivos: formación, desarrollo y pérdida*. Ed. Morata.

Dr. Donald Winnicott (1896-1971). Pediatra, psiquiatra y psicoanalista. *Realidad y juego*. Ed. Gedisa. *Los bebés y sus madres*. Ed. Paidós.

Boris Cyrulnik. Neurólogo y etólogo. *El amor que nos cura*. Ed. Gedisa.

Capítulo 4

Danilo Hernández. *Claves del yoga*. Ed. Los libros de la liebre de marzo, *Consciencia desnuda*. Ed. Chinmayam.

Ken Wilberg. Escritor estadounidense, experto en psicología y espiritualidad. *El proyecto Atman, Gracia y coraje*. Ed. Kairós.

Garab Dorge (60 d. C.-). Maestro de la tradición Dzogchen.

Nagarguna (150-250). Fundador de la escuela budista Madhyamaka. *Fundamentos de la vía media*. Ed. Siruela.

Leibniz (1646-1716). Filósofo, matemático, teólogo. *Discurso de metafísica*. Ed. Alianza. *Escritos filosóficos*. Ed. A. Machado libros.

Erich Fromm (1900-1980). Psicoanalista, filósofo de gran profundidad espiritual. *El miedo a la libertad, El arte de amar, ¿Tener o Ser?*

Capítulo 5

Einstein (1879-1955). Padre de la física moderna, padre de la «teoría de la relatividad».

Dr. John Pierrakos (1921-2001). Psiquiatra. Creador de la Core Energética. Hay más información en el capítulo dieciséis.

Demócrito de Abdera (460 a. C.-370 a. C.). Difundió la teoría atomista del universo.

Alfred Korzybski (1879-1950). Filósofo, experto en semántica.

Ludwing Wittgestein (1889-1951). Filósofo. *Tractatus lógico-philosophicus* es uno de sus libros más reconocidos.

Jiddu Krishnamurti (1895-1986). Maestro espiritual, considerado uno de los pensadores más influyentes del siglo XX. Hay más información en el capítulo dieciséis.

Eckhart Tolle. Maestro espiritual. Autor del reconocidísimo libro *El poder del ahora*. Ed. Gaia.

Capítulo 6

Alan Watts (1915-1973). Filósofo. Autor de *El libro del Tabú* y *Psicoterapia del Este y del Oeste*. de Ed. Kairós.

Martin Siems (1948-2020). Psicólogo, psicoterapeuta. Autor de *Tu cuerpo sabe la respuesta*. Ed. Mensajero.

Capítulo 7

Ramana Maharsi (1879-1950). Uno de los más grandes maestros espirituales de India. Auténtico precursor del discurso de la no-dualidad. *Sé lo que eres*. Ed. Sophia Perennis.

Parménides (515 a. C.-470 a. C.). Uno de los grandes de la filosofía y de la metafísica. Fuente: *En los oscuros lugares del saber*, Peter Kingsley. Ed. Atalanta.

Capítulo 8

Robert H. Lustig. Doctor en Medicina, pediatra y endocrinólogo. *The Hacking of the American Mind*. Ed. Penguin Putnan Inc.

Moshe Feldenkrais (1904-1984). Doctor en Ciencias. Creador del método que lleva su nombre. *La dificultad de ver lo obvio*. Ed. Paidós.

Capítulo 9

Heráclito (540 a.C.-470 a. C.). Filósofo y metafísico. Considerado uno de los padres de la Dialéctica.

Protágoras (481 a.C-411 a.C.). Filósofo. Padre de la retórica. Fuente: *Protágoras y el Logos* de Edward Schiappa. Ed. Avarigani

George Gurdjieff (1866-1949). Maestro espiritual, escritor, coreógrafo.

Capítulo 10

Calderón de la Barca (1600-1681). Uno de los más conocidos autores y dramaturgos del llamado Siglo de Oro español

David Bohm (1917-1992). Físico. *La totalidad y el orden implicado*. Ed. Kairós.

Sankara (788-820). Impulsor de la escuela Advaita Vedanta. *Viveka Suda Mani*. Ed. Sirio.

Sri Nisargadatta (1897-1981). Uno de los grandes maestros espirituales modernos de la India. *Yo soy Eso*. Ed. Sirio.

Capítulo 11

Thaddeus Golas (1924-1997). Escritor estadounidense. *Manual de iluminación para holgazanes*. Ed. Cuatro vientos.

Stanley Keleman (1931-2018). Psicoterapeuta estadounidense. *La experiencia somática* y *Anatomía emocional*. Ed. Desclée.

Capítulo 12

Arhur Eddington (1882-1944). Astrofísico británico. *La naturaleza del mundo físico*. Ed. Sur. Buenos Aires.

Jodorowski. Artista y escritor chileno. *La danza de la realidad*. Ed. debolsillo.

Capítulo 13

Santa Teresa de Ávila (1515-1582). Monja, mística y escritora española. *Nada te turbe*. Ed. Los libros de la Academia.

John Welwood (1943-2019). Psicólogo clínico, editor de psicoterapia y salud en Oriente y Occidente. *Psicología del despertar*. Ed Kairós.

Capítulo 14

Francis Lucille. Ingeniero físico francés. Maestro espiritual. *Flores del silencio*. Ed. Vía Directa.

Swami Chidananda (1916-2008). Maestro espiritual. Sucesor de Swami Sivananda en Divine Life Society, Rihikesh, India. Hay más información en el capítulo dieciséis.

Antonio Machado (1875-1939). Poeta español de la generación del 98. *Soledades, Galerías y otros poemas*. Ed. Austral.

Esopo (620 -564. a C.). Escritor de fábulas. *El cuento de la lechera*.

Jean de la Fontaine (1621-1695). *Fabulas*. Ed. Circulación libre.

Capítulo 15

James Lovelock. Prestigioso científico, meteorólogo, escritor y ambientalista muy reconocido. Uno de los creadores de la teoría Gaia.

Vicente Seguí. Economista urbanista, escritor. Autor de la preciosista novela *Cosido a mano*. Ed. Círculo Rojo.

Claudio Naranjo (1932-2019). Psiquiatra, investigador, escritor, educador. Hay más información en el capítulo dieciséis.

Garnier Malet. Doctor en mecánica de los fluidos, padre de la teoría del desdoblamiento del tiempo. Autor de *El doble*. Editorial Mundo conocido.